閻 亜光
YAN YAGUANG

日本型ダイバーシティマネジメント

日本企業が歩む
性的マイノリティとの
共創の道

晃洋書房

は し が き

　本書は，近年人的資源管理領域で注目されている性的マイノリティ当事者を対象とし，実際に日本企業で行われている取り組みを紹介し，日本企業におけるダイバーシティマネジメントを徹底的に分析します．日本企業という組織側観点及び性的マイノリティ当事者という個人側観点を用いて，日本企業における性的マイノリティ当事者のダイバーシティマネジメントを実施するために相応しいモデルを提案します．また，現在実施されている取り組みの限界や今後の日本企業のダイバーシティマネジメントの展望を述べます．

　「ダイバーシティマネジメント2.0検討会報告書〜競争戦略としてのダイバーシティの実践に向けて〜」[1]の中で，日本企業は，ダイバーシティの第一ステージの女性登用等から，企業価値の向上に資することへレベルアップする必要があると指摘されていました．それにより，企業は多様な属性の違いを活かし，個人を単位とした人材の能力を最大限に引き出すことを目指すべきだと考えられます．しかし，性的指向もしくは性自認という多様性に関しては，認知の段階で阻害されているように思われます．日本企業における「同僚の性的マイノリティに対する嫌悪感」に関する調査結果では，同僚に性的マイノリティ当事者がいる場合，3人に1人の社員が嫌悪感を示すことが明らかになりました．また，60代，70代の管理職が嫌悪感を示す割合は，同性愛に対しては約80％，性転換者に対しては約90％です［吉仲ほか 2015］．性的マイノリティ当事者を受け入れる職場になっていない現状が窺えます．本書では日本企業で勤務する性的マイノリティ当事者が直面する問題を広く網羅し，斬新な切り口を持ち，問題を分析します．

　本書の最大の特徴となるのは，性的マイノリティ当事者にフォーカスしたダ

イバーシティマネジメントの検討です．経営学分野に比べ，性的マイノリティ全体に関する研究は社会学や心理学などといった分野でよく行われている傾向があります．しかし，性的マイノリティ当事者が生活するにあたり，職場で勤務することも生活の一部であり，当然職場で多種多様な問題にも直面します．問題を解決するため，「ダイバーシティマネジメント」という管理方法が現れていますが，多様性を有する従業員が如何に「自分らしく」，働きやすくなるようにできるかは重要な内容だと考えられます．従って，「ダイバーシティマネジメント」の内容はより有効なものでなければいけませんが，数多くの多様性の中，共通する「ダイバーシティマネジメント」の取り組みを見出すことは難しく，その内容は本当に有効なものなのかも測りかねます．本書は性的マイノリティ当事者に特化した視点を持ち，多くの側面から性的マイノリティ当事者に関する「ダイバーシティマネジメント」の真相を明らかにします．

　また，本書は主に専門用語が含まれる研究者向けのものですが，ダイバーシティマネジメント及び性的マイノリティ当事者に関する知識を有していない方も簡単に理解できる内容に仕上げています．序章では，性的マイノリティに関する用語やダイバーシティマネジメントを全般的に説明します．第1章では，日本企業のダイバーシティマネジメントの捉え方と既存モデルを述べます．第2章では，性的マイノリティを重点的に説明した上，第3章と第4章は企業側と個人側の視点を持ち，ダイバーシティマネジメントの問題を解明します．また，より深い真相を探究するため，第5章及び第6章は，性的マイノリティ当事者の職場メンタルヘルスの影響要因及び認識差異を分析します．最終的に，第7章で性的マイノリティ当事者を対象とした日本型ダイバーシティマネジメントを提案し，終章にて本書の限界及び今後の展望を述べます．

　最後に，本書は，「立命館大学経営学部校友会　研究叢書」であり，「立命館大学大学院博士課程後期課程　博士論文出版助成制度」による助成金の元で刊行した出版物です．本書の出版にあたり，多くの方からの助言をいただき，厚

く御礼申し上げます．また読者の皆様には，本書を手に取っていただいたことに心より感謝の気持ちを表します．性的マイノリティ及びダイバーシティマネジメントに関する理解が深まることを切に願っています．

注
1）経済産業省により（https://www.meti.go.jp/report/whitepaper/data/pdf/20170323001_1.pdf，2021年8月14日閲覧）．

目　　次

はしがき

序　章　ダイバーシティマネジメントの射程 …………… 1
はじめに　　(1)
1．性的マイノリティ当事者のダイバーシティマネジメントが
　　求められる理由　　(2)
2．日本型ダイバーシティマネジメントモデルの意義　　(3)
3．日本型ダイバーシティマネジメントの構築　　(4)
4．本書で使用する概念とモデル　　(5)
5．本書の構成　　(10)
小　　　括　　(11)

第1章　日本企業のダイバーシティマネジメント ……13
はじめに　　(13)
1．日本型ダイバーシティマネジメントの既存論点　　(13)
2．文献レビューという方法　　(17)
3．ダイバーシティマネジメントとモデル　　(17)
小　　　括　　(27)

第2章　性的マイノリティの変遷 ……………………… 29
はじめに　　(29)
1．性的マイノリティ当事者を対象とする理由　　(29)
2．LGBT が代表する性的マイノリティに起きた
　　「変化」　　(31)
3．性的マイノリティ当事者に対する取り組みの
　　位置付け　　(34)

４．性的マイノリティ当事者に対する取り組みへの
　　懸念　　(36)
５．組織側及び当事者側の既存問題点　　(37)
小　　　括　　(42)

第３章　日本企業における性的マイノリティ
　　　　取り組みの比較 ……………………………………… 45

は じ め に　　(45)
１．性的マイノリティに対する理解の不十分さ　　(46)
２．既存取り組みの現状　　(48)
３．性的マイノリティと日本企業　　(50)
４．日本企業へのインタビュー調査　　(52)
５．比較研究で得られた特徴と原因　　(54)
６．日本企業における実践的な示唆　　(68)
小　　　括　　(71)

第４章　ダブルマイノリティ当事者に隠された
　　　　真相……………………………………………………… 73

は じ め に　　(73)
１．複数のマイノリティを持つ当事者が抱えている問題点とは
　　何か　　(74)
２．本章におけるダブルマイノリティとは　　(75)
３．ダブルマイノリティの働き方　　(76)
４．M-GTA を用いたダブルマイノリティ当事者への
　　調査　　(78)
５．見つかった困難及びその解決プロセス　　(79)
６．日本企業における実践的な提案　　(97)
小　　　括　　(99)

目　次　vii

第5章　職場における性的マイノリティ当事者の
　　　　　メンタルヘルス …………………………………… 101

　は じ め に　（101）

　1．性的マイノリティ当事者とメンタルヘルス　（102）

　2．隠れやすい性的マイノリティ当事者のメンタル
　　　問題　（105）

　3．アンケート調査について　（107）

　4．得られたメンタルヘルスの因子　（108）

　5．コロナ禍による性的マイノリティ当事者特有の因子
　　　なのか　（117）

　小　　　括　（124）

第6章　ダイバーシティマネジメントに対する
　　　　　認識ズレ　………………………………………… 125

　は じ め に　（125）

　1．職場における既存の認識ズレ　（126）

　2．当事者と非当事者の間で見られる差異　（128）

　3．調査対象者へのアンケート　（129）

　4．認識ズレが存在するかを検証する方法　（130）

　5．認識ズレの有無　（131）

　6．見えない「当たり前の隣人」　（157）

　小　　　括　（162）

第7章　日本型ダイバーシティマネジメント
　　　　　モデル ……………………………………………… 165

　は じ め に　（165）

　1．日本型ダイバーシティマネジメントの問題点　（166）

　2．モデルの修正点説明　（169）

　3．各ステージの説明　（172）

　4．モデルの特徴　（182）

viii

　小　　　括　　(186)

終　章　共創の道 ……………………………………… 189
は じ め に　　(189)
　1．各章のまとめ　　(190)
　2．一緒に歩む困難はどこにあるか　　(195)
　3．「今」できることとは何か　　(199)
　4．本書の限界と展望　　(202)

あ と が き　　(207)
初 出 一 覧　　(209)
参 考 文 献　　(211)
索　　　引　　(225)

序　章

ダイバーシティマネジメントの射程

は じ め に

「ダイバーシティマネジメント[1]」はアメリカに起源を持つ比較的新しい管理方法として，日本国内及び日本企業内で認識されるようになった．異なる文化的背景を持つ従業員を包摂する組織において，その違いをメリットとして捉え活かすことがダイバーシティマネジメントの醍醐味であり，効果的に管理することにより，さらにメリットも生まれるため，近年多くの企業がダイバーシティマネジメントを行うようになった．また，尾﨑 [2017] によると，日本でのダイバーシティマネジメントに対する関心度に量的ないし質的な変化が現れ，日本経済新聞のデータベースで，2005年に「ダイバーシティマネジメント」に関する記事は8本しかなかったが，2015年には5月の最初の1週間だけで100本以上の記事が検索でき，最初の男女共同参画から，障害者，LGBT，外国人，高齢者などにシフトしつつ，内容にも多様性が現れている．

　ダイバーシティマネジメントを実施した日本企業は企業の競争力が向上するといった効果があり [井上 2015]，ダイバーシティマネジメントは今後更なる注目を浴びるようになると予想される．しかし，日本企業におけるダイバーシティマネジメントはスタートが比較的遅く，実施するにあたり，まだ多くの課題と難点に直面していると予想できる．内閣府 [2021] が発表した「令和元年度年次経済財政報告」では，日本の労働市場が以前より多様になっているが，

採用割合などの数値だけで多様な人材を活用できているかを判断することは望ましくないと確認できる．多くの日本企業はダイバーシティマネジメントの実現が数値目標の達成だと考える傾向があり，真のダイバーシティマネジメントができていないと懸念される．今後，労働者がより多様になる日本企業にとって，ダイバーシティマネジメントを有効に実施することが望ましいと考えられる．

1．性的マイノリティ当事者のダイバーシティマネジメントが求められる理由

　2000年前後の日本企業では，職場の多様性にまつわる問題はまだ男女に関する問題が主流であり，当時「大卒男子○○名」という募集方法があったが，次第に総合職，一般職という枠が現れてから，そのような募集方法はできなくなった［石田ほか 2002］．企業内の内勤のような「女性らしい」と思われた仕事を誰もが行うようになり，当時のダイバーシティマネジメントは性別に関する管理内容に偏ったものであったと示唆される．だが，柳［2021］は，日本企業のダイバーシティマネジメントに関する研究を行った結果，職場に LGBT に代表される性的マイノリティ当事者はいない，もしくは想定していないという誤った認識があると指摘した．現在，ジェンダーに関するダイバーシティマネジメントは，男女だけではなく，より多様性に富んだ性的マイノリティにシフトし，時間が経つにつれ，ダイバーシティマネジメントの中身も変化すると示唆される．変化に伴う適切なダイバーシティマネジメント方法が求められる．佐藤［2017］は，ダイバーシティマネジメントが求められる理由として，1「日本の労働力構造に変化が現れ，労働者の価値観にも変化が現れたこと」，2「グローバル競争が激しくなり，企業の存続として多様な価値観を受け入れること」を挙げた．次第に，労働者に関しては，男性が主な労働力という認識が薄れ，多

様な人材が重要視されてきた．多様な価値観に関しては，理解のある職場を作ることで，自社の競争力を高めると考えるようになった．従って，性的マイノリティ当事者に関するダイバーシティマネジメントの実施は労働力構造の変化に対応するためでもあるが，自社の競争力を高め，存続させる方法でもある．

2．日本型ダイバーシティマネジメントモデルの意義

　既存のダイバーシティマネジメントモデルとして，人材ポートフォリオ［守島 2001］をはじめ，数多く挙げられ，第1章にて詳しく説明するが，日本企業が実際にダイバーシティマネジメントを実施しようと考えた場合，どのような方法を用いれば適切なのかは明らかになっていないと考えられる．例として，吉澤［2021］によると，日本企業の高齢者に関するダイバーシティマネジメントは表層的な関係に留まるものとして認識されている可能性が高く，高齢者を対象とするダイバーシティの進展は困難であることが明らかになった．また，チョチョ・加藤［2020］は，ダイバーシティマネジメントで高評価された日本企業のインタビュー調査をし，ダイバーシティマネジメントを実施する企業レベルでのモデルを発見した．しかし，発見されたモデルは調査企業に限定されたモデルであり，すべての企業に共通するモデルになっていない．武石ほか［2021］は，スイスやドイツのようなダイバーシティマネジメントを進める国の企業を分析し，人事管理に関するモデルがあるにもかかわらず，日本型モデルがまだ発見できていないと述べた．日本型ダイバーシティマネジメントモデルが形成されていない原因を明らかにし，問題点の特徴を把握する必要があると考えられる．そのため，日本企業に適した日本型ダイバーシティマネジメントモデルを見つけ，提案する大いなる価値がある．従って，本書は既存のダイバーシティマネジメントモデルを整理した上，日本型ダイバーシティマネジメントモデルの実務的及び学術的知見の提案を試みた．

3．日本型ダイバーシティマネジメントの構築

　ダイバーシティマネジメントが求められるようになったものの，五十嵐ほか[2020] は，日本企業がジェンダーダイバーシティに着目した際に，ダイバーシティマネジメントの内容として，女性活躍推進に対する取り組みが優先されるからこそ日本のダイバーシティマネジメントが遅れていると指摘した．また，ダイバーシティマネジメントの対象をはじめ，ダイバーシティマネジメントの現状を把握できていない日本企業も多く存在する．ジェンダーダイバーシティの枠組みで考える際，単に「男女」という性別の分け方による施策に関する考察ではなく，より多様になったジェンダーカテゴリーのジェンダーを踏まえ，ダイバーシティマネジメントを実施すべきだと考えられる．本書は，多様なジェンダーカテゴリーの当事者を対象とする際の，日本企業における日本型ダイバーシティマネジメントの問題を解明し，多側面で問題の原因を分析し，日本型ダイバーシティマネジメントモデルの提示を目的とする．無論，ダイバーシティマネジメントの実施は困難が伴い，表層的多様性と深層的多様性 [Harrison et al. 1998] を持つ対象が存在するため，ダイバーシティマネジメントそのものは複雑だと言われている．本書は，性的マイノリティ当事者のダイバーシティマネジメントに対し，多様な視点や知識の運用により，問題解決のプロセスも検討する．他の当事者の問題解決のプロセスを刺激し喚起する可能性がある[白石 2010] ため，本書の対象である性的マイノリティ当事者のダイバーシティマネジメントモデルはより広範囲での影響があると予想される．

　本書のもう一つの目的は日本型ダイバーシティマネジメントの提案である．日本型ダイバーシティマネジメントは，雇用形態の多様化や組織パフォーマンスの向上のような評価が受けられるが，同質的人材構成の維持が主に重要視される日本企業において，多様な人材をいかすことができないことは典型的な日

本型ダイバーシティマネジメントの問題だと考えられる［有村 2008］．従って，本書は多様性のカテゴリーを定め，性的マイノリティ当事者を対象とする日本型ダイバーシティマネジメントモデルを提案する前に，日本型ダイバーシティマネジメントの根本的な問題点がどのようなものなのかを解明する．その上で，性的マイノリティ当事者を対象とする日本型ダイバーシティマネジメントモデル構築を試みる．

4．本書で使用する概念とモデル

4.1．ダイバーシティマネジメントの定義

　本書におけるダイバーシティマネジメントの定義を整理する．ダイバーシティマネジメントが誕生してから，多くの時期を経てきた．「公民権運動，女性運動時期」，「多様性も受け入れる時期」，「ダイバーシティをベネフィットとして考える時期」といった三つの時期に大別できる［谷口 2005］．第3時期になった現在，ダイバーシティに関する議論が少なくなったが，グローバル化とテクノロジー化に関する議論が盛んになった．今後，企業のイノベーションを生み出すために人材の多様性は必要条件になるため［長谷川 2013］，時代に合わせた適切なダイバーシティマネジメントの実施は，日本企業にとって欠かせないものである．また，ダイバーシティマネジメントのルーツは三つの段階を経たと考えられる［尾﨑 2017］．一つ目は，組織における差別の解消と人権の確立であり，1950年代のアメリカの雇用機会均等法やアファーマティブ・アクションに応えることが最初の起源だと考えられる［尾﨑 2017：谷口 2005］．続いて，企業の国際化による異文化経営であり，異なる文化的背景を持つ従業員が同じ職場で勤務し，如何に相互理解やチームワークを向上させられるかが問題視され，1970年代の企業が行ったダイバーシティへの取り組みが二つ目の段階である．最後に，競争力の再構築であり，1980年代以降，ダイバーシティマネ

6

ジメントが競争力を高める手段として認められた三つ目の段階である．このように，ダイバーシティマネジメントの定義は，複数の研究者や時代が関与しているため，特定することが困難だが，以下のような定義が代表例として確認できる．

　Cox [2001] の多文化企業のモデルにおいては，「ダイバーシティを真にマネジメントするには，多文化組織が必須であり，多様な労働力を活用するため，組織の構造を根本的に変化させなければならない」と説明されていた．Thomas [1992] によると，ダイバーシティをマネジメントするとは，完全なダイバーシティが自然に動くような環境を作り出すための取り組みである．換言すれば，ダイバーシティをマネジメントすることは，統制するということではなく，組織に所属する多様なメンバーのモチベーションを高め，本来所持している能力を発揮できるような環境作りである．このような概念の元で，日本企業におけるダイバーシティマネジメントも定義されてきた．脇 [2008] は，各個人の多様なバックグラウンドを受容し，組織内に参画させることを前提とし，その多様性が企業にとって，戦略的成果をもたらすよう，それぞれの能力を最大限活用できる組織変革を自発的にかつ長期的に行うことがダイバーシティマネジメントであると定義した．また，馬越 [2011] は，今までの慣習に囚われずに，ジェンダー，国籍，年齢などの多様な属性や価値観を活用し，ビジネス環境の変化に迅速かつ柔軟に対応し，企業の競争力と社会的評価を高めると同時に，個人の幸せを実現しようとする新しいマネジメント方法であると定義した．

　一方，ダイバーシティマネジメントと酷似する概念も存在し，例えば，ダイバーシティ経営は，多様な人材を受け入れ，それぞれが保有する能力を発揮し，それを経営成果として結実するようにマネジメントすることである [佐藤 2017]．また，異文化経営は，一つの均質な属性 [国籍，文化的背景，言語等] ではなく，多民族，多国籍，多言語，多文化の人々が構成する企業を経営し，ビジネスを行うことである [馬越 2011] と定義された．「ダイバーシティ経営」や「異文化

経営」のような概念は，ダイバーシティマネジメントと部分的に異なるという見解があるため，本書において「ダイバーシティマネジメント」という概念は広く包括される概念とみなし，ダイバーシティマネジメントのみ使用することにする．上述した定義を踏まえ，本書におけるダイバーシティマネジメントを次のように定義する．ダイバーシティマネジメントとは，「企業や組織が，性別，年齢，人種，民族，宗教，性的指向，障害，文化的背景，スキル，考え方など，あらゆる側面における多様性を受け入れ，その多様性を最大限に活用するプロセスや取り組みである」．次に，本書の中心的対象である性的マイノリティについて説明を行う．

4.2. 性的マイノリティ

性的マイノリティを代表する LGBT という単語は近年日本中に浸透してきた．LGBT は，女性同性愛者 (Lesbian)，男性同性愛者 (Gay)，両性愛者 (Bisexual)，出生時に割り当てられた性と自認する性が異なる者 (Transgender) のそれぞれの英語の頭文字でできた単語である [渡邊 2019；石田 2019]．しかし，LGBT の日本語訳として「性的マイノリティ」と訳されることが多く，本来の性的マイノリティの意味と食い違いがある[四元・千羽 2017]．性的マイノリティは，レズビアン，ゲイ，バイセクシュアル，トランスジェンダーといった性的指向や性自認より遥かに多種多様 [村木 2020] であり，代表例として，すべての性別を性的対象とするパンセクシュアル (P) やすべての性別を性的対象としないアセクシュアル (A) などが挙げられる．

LGBT は性的マイノリティの代表的なものに過ぎず，すべての性的マイノリティを表す単語ではない．性的マイノリティ当事者も必ずしも「L，G，B，T」といった属性のどれかに該当するとは限らない．また，日本企業は性的マイノリティ当事者に対する取り組みを行う際に，「LGBT 取り組み」を使用している場合もあれば，「性的マイノリティ施策」を使用している場合もある．この

ように，LGBTのみを表す場合とLGBTを含めた性的マイノリティ全体を表す場合が混在する現状が窺える．電通 [2021] が公表した「LGBTQ＋調査2020」によると，性的マイノリティ当事者の割合は前回の調査とほぼ同じく8.9%であるが，L・G・B・T以外のセクシュアリティは半数近くを占める結果となった．性的マイノリティの種類は多く存在することが改めて世間に認識された．

　従って，今までLGBTは一つの概念として認知されてきたが，LGBTという単語は性的マイノリティ当事者を差別する意味合いが含まれる可能性があり，またすべての性的マイノリティ当事者を網羅できないため，「SOGI」という新しい概念が提唱されている．「SOGI」とは，Sexual Orientation & Gender Identity という英語のアクロニムであり，日本語の性的指向と性自認のことを意味する．「SOGI」は「LGBT」に比べ，性的マイノリティ当事者のみを表現せず，すべての人の性的指向と性自認を表し，より包括的概念だと考えられる．近年，企業で起きた性的指向と性自認に関するハラスメントは「SOGIハラ」[星 2020] とも呼ばれるようになった．従って，本書においては，シスジェンダー[3]及びヘテロセクシュアル[4]といった性自認と性的指向を同時に有しない当事者を性的マイノリティと定義する．性的マイノリティ全体を表す際に，「性的マイノリティ」を使用し，「LGBT」といった代表的な当事者を表す際に，「LGBT」を使用する．

4.3.　モデル説明

　Agars & Kottke [2002] が提案したダイバーシティイニシアティブの実行プロセスモデルは，ダイバーシティマネジメントの施策を実行するモデルとして存在している．図1で示したように，本モデルではダイバーシティの施策を実行するステップを三つに分けている．問題特定のステージ，実行のステージ，継続のステージである．また，各ステージに共通する要素を「組織的要因」，「個人的要因」，「基礎となる認知プロセス」に大別した．さらに，「基礎となる認知プロセス」は「社会性」，「脅威の認知」，「正義の認知」，「実益の認知」に分

序　章　ダイバーシティマネジメントの射程　9

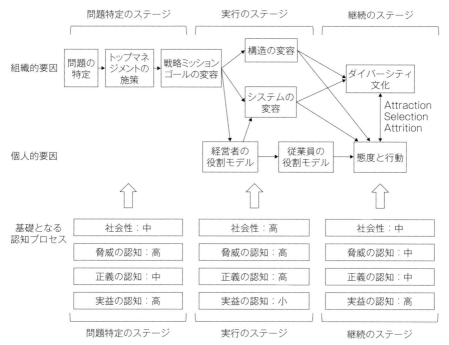

図1　ダイバーシティイニシアティブの実行プロセスモデル
(出所) 筆者作成.

けられる．本モデルはダイバーシティマネジメントの全対象の通用性を強調したモデルであり，性的マイノリティ当事者を対象とするダイバーシティマネジメントにおいて，不適合性が生じる可能性がある．従って，性的マイノリティ当事者を対象として，ダイバーシティマネジメントを実施する際には，組織的要因は各ステージでどのようなものがあるか，個人的要因はどのように変化するか，実際に現在の性的マイノリティ当事者が日本企業で勤務する際に，生じた新たな要因が存在するかを考慮し，本モデルの修正を行い，性的マイノリティ当事者を対象とする日本型ダイバーシティマネジメントモデルを提案する．

5．本書の構成

　上述した問題点を明らかにするため，本書の構成を説明する．第1章は，ダイバーシティマネジメントを説明し，ダイバーシティマネジメントに関する論点を整理する．また，代表的なダイバーシティマネジメントを実施するモデルを紹介する．第2章は，日本における性的マイノリティの歴史を紹介し，性的マイノリティそのものはどのように変化してきているか，また日本社会における性的マイノリティ当事者の捉え方はどのように変化しているかを説明する．第3章は，日本企業が性的マイノリティ当事者に対し，ダイバーシティマネジメントを実施する際に，直面する問題点を解明する．モデル修正において，組織的要因への検討を行い，日本企業側の問題の真相を解明する．第4章は，性的マイノリティ当事者が勤務する際に，感じる問題点及び問題解決プロセスを明らかにする．複数のマイノリティを有する当事者に焦点を当てた研究結果により，今まで隠されていた個人的要因の抽出を行う．第5章は，モデル修正を行うために新たな影響要因を特定する．性的マイノリティ当事者が日本企業で勤務する際のメンタルヘルスに焦点をあて，影響要因を抽出し，モデルに含まれる要因の修正を行う．第6章は，現在日本企業で行われている性的マイノリティ当事者に対する取り組みの認識ズレを紹介する．同じ取り組みに対し，当事者と非当事者の間，どのような違いが存在するか，当事者のニーズに対する認識ズレが生じているかを明らかにする．第7章は上述した結果を踏まえ，既存のダイバーシティマネジメントモデルに基づき，問題点と修正可能な箇所を示し，日本企業の性的マイノリティ当事者を対象とする日本型ダイバーシティマネジメントモデルを提示する．終章は日本企業と性的マイノリティ当事者が今後共創の道を歩むには，どのような困難を克服する必要があるか，どのような方法が考えられるかを提示する．

小　　括

　本書は多様な側面から日本企業における性的マイノリティ当事者を対象とするダイバーシティマネジメントを分析し，日本企業のダイバーシティマネジメントの実施上の問題点を明らかにする．同時に，上述したダイバーシティイニシアティブの実行プロセスモデル［Agars & Kottke 2002］をベースに，組織的要因，個人的要因，及び新たな要因を踏まえて，モデルの修正を行う．時代とともにダイバーシティマネジメントの実施は変化するという特徴が考えられるため，現在の性的マイノリティ当事者を対象とするダイバーシティマネジメントの実施により適切なモデルを提案する．

　注
　　1）「ダイバーシティマネジメント」は一つの特定の定義が確立されておらず，この概念
　　　　は時代とともに変化し，多くの異なる定義が提案されている．これについては本書の
　　　　第1章にて詳しく述べる．
　　2）本書では性的マイノリティ当事者と表記する．
　　3）性自認と生まれた時に割り当てられた性別が一致する人のことである．
　　4）性的指向の対象が自分の性自認と異なる性別の人のことである．

第1章

日本企業のダイバーシティマネジメント

は じ め に

　ダイバーシティマネジメントは比較的新しい管理方法として，近年日本企業で認識されるようになったが，正しく理解されているかどうかには疑問を抱く．実際に，Trompenaars [1993] によると，ダイバーシティマネジメントは企業の経営や組織運営の問題解決方法として，唯一且つ最善の方法ではないことが注意点として挙げられている．企業経営をするにあたって，数多くの管理手法や施策があり，ダイバーシティマネジメントは一つの方法に過ぎない．だが，今後より多くの多様性を持つ従業員が日本企業で勤務するようになることが予想でき，ダイバーシティマネジメントを正しく認識し，効果的に実施することが求められている．そのため，日本企業におけるダイバーシティマネジメント研究はどのようになされてきたかを整理し，日本型ダイバーシティマネジメントモデルの修正箇所を見つけ出し，より効果的な日本型ダイバーシティマネジメントモデルを提案する．

1. 日本型ダイバーシティマネジメントの既存論点

　日本型ダイバーシティマネジメントモデルを提案するため，本書で用いられるベースとなるモデルについて序章にて述べていた．今まで日本企業はどのよ

うにダイバーシティマネジメントを捉えてきたかを明らかにする必要性がある．また，ベースとなるモデル以外の既存のダイバーシティマネジメントモデルを網羅し，各モデルの問題点及び改善点を解明する．

1.1. ダイバーシティマネジメントをどのように捉えるべきか？

　ダイバーシティマネジメントは，発祥地であるアメリカでの多人種，多民族にまつわる問題を解決するための取り組みであり，比較的単一民族で構成されている日本社会では通用しないと思われていた．しかし，多様性の定義の変化とともに，日本社会もしくは日本企業はダイバーシティマネジメントを実施すべきだと思われるようになった．長谷川 [2013] は，日本の複数の法律において雇用に関する差別が明示的に禁止されていると述べている．例えば，憲法の第14条では，人種，信条，性別，社会的身分による差別の禁止を定めている．労働基準法では，国籍，信条または社会的身分による労働条件差別を禁じている．また，経済産業省が2021年に発表した「新・ダイバーシティ経営企業100選」によると，ダイバーシティ2.0を「多様な属性の違いを活かし，個々の人材の能力を最大限引き出すことにより，付加価値を生み出し続ける企業を目指して，全社会的かつ継続的に進めていく経営上の取組」[経済産業省 2021] と定義している．このように，日本企業は人材を管理するにあたり，ダイバーシティというものを考慮せざるを得ない状況に直面しており，ダイバーシティマネジメントの実施が必須となったと言えよう．

　日本企業のような組織において，ダイバーシティをマネジメントすると，多くのメリットを獲得できる．Cox & Blake [1991] は，ダイバーシティが組織のパフォーマンスを向上させる側面として，「コスト」，「資源獲得」，「マーケティング」，「創造性」，「問題解決」，「システムのフレキシビリティ」の合計六つ発見した．このような側面では，企業の競争優位性を生み出すことにもつながる．その中の「資源獲得」に含まれる「人的資源」の領域において，ダイバー

シティマネジメントは最も肝心な内容となる．長谷川 [2013] は，企業におけるダイバーシティマネジメントについて，経営方法としての実用性と利益を生み出す理論構築の経済学観点といった二つの側面から検討した．その考えに基づき，「人」を人材として捉えることが極めて重要である．人材を適材適所に配置し，資本という考え方のもとで最大限の利益を追求することができる一方，人は感性を持っている生き物でもあり，常に決められた行動基準に沿って行動するとは限らないため，如何に「感性」を活かし，利益の増加につなげていけるかを考える必要もある．「人」の性別，国籍，性格，価値観，あらゆる側面において，多様性が存在し，人的資源におけるダイバーシティマネジメントをどう正確に捉えられるかは重要な課題になってくる．従って，日本企業はダイバーシティマネジメントをどのように捉えるべきかを明らかにする必要があり，論点1は以下のように考えられる．

論点1：日本企業は，人材のダイバーシティマネジメントをどのように捉えるべきか？

1.2. 既存モデルはどのような問題点があるか

辺見 [2018] は，日本型ダイバーシティマネジメントにおいて，多様な人材を雇用するだけでなく，多様な人材を活用し，組織の有効性へとつなげることが重要な課題であり，多くの日本企業は人材のダイバーシティを会社のベネフィットに転換できていないと指摘した．ダイバーシティマネジメントを実施する際に，特に性的マイノリティ当事者を対象とするダイバーシティマネジメントを実施する際に，何を基準にするか，どのようなモデルを用いるかは，日本企業にとって悩ましい問題である．現時点で日本企業がダイバーシティマネジメントを行うにあたり，最適なモデルがあるかはまだ明らかになっていない．日本企業がダイバーシティマネジメントを実施する際に，本書のベースとなる

16

モデル以外に用いられる代表的な企業行動モデルとして，Gary Powell's model が存在する．Gary [1990] は，ダイバーシティに対して，積極的，消極的，無関心といった三つのタイプがあり，「積極的対応」が最も望ましいと述べ，ダイバーシティマネジメントを積極的に行うべきだと世間に訴えているが，どのように積極的に行えるかまでは明記されていない．

また，例として挙げられるのは戦略的マネジメントモデルである．Dass & Parker [1996] は，人的資源を管理する時に，戦略的マネジメントモデルを提唱し，マクロ環境，産業環境，組織内部環境でダイバーシティマネジメントの分析を行ったため，戦略的マネジメントモデルはよく用いられるようになった．しかし，ダイバーシティマネジメントには時代に伴う変化が現れているため，ダイバーシティマネジメントを考える基準となる各環境要素の交互作用もあるのではないかと考えられる．従って，日本企業に相応しいダイバーシティマネジメントモデルはまだ明らかになっていない．

一方，2020年の2月から新型コロナウィルスの影響により，世の中がかなり変化している．コロナ禍における新たな社会格差や社会問題が生じ，その新たな問題の救済方法を急がなければならない [辻ほか 2022]．このような状況の中，性的マイノリティ当事者も新たな問題に直面すると考えられ，上述したモデルには不適合性が生じる恐れがある．日本企業で起きた問題を解決する適切なモデルが見つかっていない中，今後さらに変化する社会において，性的マイノリティ当事者に相応しい取り組みも施されない可能性が大きい．従って，論点2は以下のように考えられる．

論点2：性的マイノリティを対象とするダイバーシティマネジメントを実施するのに，既存モデルはどのような問題点があるか？

2．文献レビューという方法

　上記した論点を踏まえて，本章では文献レビュー研究を行うことにした.「人的資源管理」,「多様性」,「ダイバーシティ経営」,「ダイバーシティ」,　ダイバーシティマネジメント」など両言語（日本語と英語）を用いて，本章の論点に関連するキーワードを利用可能な検索エンジンで探し，閲覧可能なものを集めた.研究の時効性を考慮し，最初は2010年以降のものだけ検索したが，ダイバーシティマネジメントに関するものがかなり少なかったことにより，時間の経過が与える影響を考慮し，ダイバーシティマネジメントの発端から改めて整理することにした.そのため，発行年数という制限を解除し，合計134本の論文や書籍を入手した.要旨や目次を確認し，明らかに対象外となるものを省き，最後的に46本の論文と12冊の書籍を熟読し，関連する部分をまとめた.

3．ダイバーシティマネジメントとモデル

3.1．ダイバーシティマネジメントの捉え方

　「日本企業は，人材のダイバーシティマネジメントをどのように捉えるべきか？」において，関連する内容を整理し，「ダイバーシティマネジメントの存在をポジティブに捉えること」,「ダイバーシティマネジメントの対象を総合的に選定すること」,「理論と実践を融合した目的でダイバーシティマネジメントを実施すること」という結果が得られた.

　ダイバーシティマネジメントは，1950年代から始まり，現在は企業に大きな影響を与える管理方法である.研究対象から分析した内容を元に，組織や企業のダイバーシティの捉え方を網羅すると，ダイバーシティマネジメントは「ダイバーシティマネジメントの存在」,「ダイバーシティマネジメントの対象」,「ダ

イバーシティマネジメントの目的」といった三つのカテゴリーに分けられる．まず，「ダイバーシティマネジメントの存在」についての捉え方を述べる．

1）ダイバーシティマネジメントの存在：ネガティブ VS ポジティブ

　ダイバーシティマネジメントは多くの側面から捉えることができるが，ダイバーシティそのものに対する捉え方はネガティブであるべきなのか，ポジティブであるべきなのかの議論は，とりわけ盛んに行われてきた．それから，ダイバーシティをマネジメントするとなった時点で，すでに対立が生じている．Williams & O'Reilly［1998］は，ダイバーシティがマネジメントに結びつくことを説明するには，「1．情報，意思決定理論」，「2．ソーシャルカテゴリー理論」，「3．類似性，アトラクション理論」といった三つの理論があると述べた．

　例えば，「情報，意思決定理論」に基づけば，グループ，または組織の構成要素が多様である場合，多様性であるダイバーシティがスキル，情報，知識の増加といったポジティブな影響をもたらすと予想される．しかし，「ソーシャルカテゴリー理論」に基づけば，内集団，外集団，他集団に対するバイアスや固定概念がメンバー同士のコミュニケーション障害を引き起こし，マイナス効果がもたらされると想像できる．同じく，「類似性，アトラクション理論」では，共通の人生経験，似たもの同士が集まり，コミュニケーションが減る可能性が生じると考えられる．このように，ダイバーシティをマネジメントするとなった際に，ポジティブかネガティブかという対立な捉え方ができる．

　ネガティブな捉え方として以下の事例が挙げられる．Tajfel & Turner［1979］は，ダイバーシティそのものが職場に多様なカテゴリーを持たせ，同僚間を敵対させ，組織内のコミュニケーションを低下させることにつながると指摘している．また，ダイバーシティそのものの組織に対するデメリットは，「ミスコミュニケーション」や「集団の統合や結束を減らす」をはじめ，合計13項目もあり，ダイバーシティマネジメントを実施している企業には，女性雇用問題に

おいて，「女性自身の業務内容の限定性」や「女性の管理層同士の繋がりも悪い」など，合計四つの問題点が残されている[谷口 2005]．さらに，Eden & Miller [2004] によると，企業の国際化に伴い，文化的多様性によるリスクなどを「外国人ハンディ」と呼ぶことが明らかになった．ダイバーシティマネジメント且つダイバーシティそのものは，マイナスをもたらす存在だと捉えられている．原因として，多様性というものは，初期の段階で負担とみなされ，リスクまたはコストがかかるものだというマイナスな印象を抱く場合があることを尾﨑 [2017] は述べた．

　一方，ポジティブな捉え方をしていることも多く確認できる．まず，ダイバーシティそのものの利点として，「組織の価値観や文化の変容」や「イノベーションの増加」をはじめ，合計24項目もある [谷口 2005]．また，Ely [2004] は，情報や価値観の多様性により，共同作業をしやすくなり，創造性や学習を促す効果があると述べた．さらに，長谷川 [2013] は，ダイバーシティマネジメントに対する考え方は，「コスト」と「リスク」というマイナスの要素として認識されることが多かった以前に比べ，90年代以降，異文化マネジメントにおける多様な人材のプラスの面への認識の深まりを発端に，ダイバーシティマネジメントは企業の競争力の再構築につながるという観点として捉えられるようになったと述べた．

　以前に比べ，日本企業はより多くのダイバーシティを持つメンバーで構成されるようになっており，ダイバーシティに抵抗を感じながらも企業経営を行うことに欠かせないと言われるほど，ダイバーシティマネジメントが必然なことになってきている．従って，日本企業はダイバーシティマネジメントの存在を捉える際に，企業にメリットをもたらす手段として認知し，ポジティブな存在として捉え，積極的に行うべきだと勧める．

２）ダイバーシティマネジメントの対象：表層的 VS 深層的

ダイバーシティマネジメントの存在に関する捉え方のほか，ダイバーシティマネジメントの対象に関しても異なる捉え方がされてきた．性的マイノリティとダイバーシティマネジメントの関係性ですでに言及したが，「表層的」な捉え方と「深層的」な捉え方が存在しており，換言すれば，見た目で分かるか否かの捉え方である．最初，表層的多様性とは，「典型的には身体的特徴を反映する明らかで生物学的な特徴」であり，深層的多様性とは，「態度，信念，価値観などにおいて異なっていることを指す」と定義した [Harrison et al. 1998]. これらは分けて述べることが難しく，常に対となって比較される研究が多く見られる．実際，この分類方法に至るまで，別の方法でダイバーシティが分類された．Jackson et al. [1995] は，ダイバーシティマネジメントの研究対象を二つの基準を用いて４分類した．二つの基準とは，「検出可能性」と「職務関連性」である．「検出可能性」に関して，「容易に検出可能な属性」には個人の外見からの判別が容易な性別や年齢が含まれる．また，外見から判別できない家族構成や教育レベル等も含まれる．これらの属性は外見からは分からないが，履歴書等によって検出できる客観的事実であり，「検出可能な属性」に含まれる．「職務関連性」に関して，「内在的属性」は外見から判別できないだけでなく，履歴書等を用いても判断が難しい属性である．例として，知識量，信仰，価値観等が挙げられる．

上述した２種類の分類方法を比較すると，Milliken & Martins [1996] の分類の中に，Jackson et al. [1995] の内在的多様性に分類されていなかった教育レベル等が内在的属性に分類された点が違いとして挙げられる．内在的多様性の重要性は，Harrison et al. [1998] の研究において，とりわけ強調された．一目で分かる多様性より個人の内面にある多様性に注目すべきだと考えられる．また，Harrison et al. [1998] は，時間が経てば，観察可能な多様性に比べ，内在的多様性の影響が増加し，場合によっては観察可能な多様性よりも大きな影響

を与えることを指摘した．ここでようやく，多様性が表層的多様性と深層的多様性に分類された．

　現在，日本企業はダイバーシティマネジメントにおいて，深層的なものも対象とする風潮も見られるが，表層的なものが未だ主流である．谷口［2005］は，初期のダイバーシティの対象となる判断基準はジェンダー，人種，年齢であったが，デモグラフィ研究を行うことにより，民族，勤続年数，階層なども考えられるようになったと述べた．見た目で分かる違いといった多様性はもちろん，目で分からない軽度の障害を持つ従業員や性的指向が同性である LG［Lesbianと Gay の頭文字］の従業員まで，ダイバーシティマネジメントの対象そのものが多様になった．今まで行われた日本企業のダイバーシティマネジメントの対象を整理すると，まだ見た目で違いが分かるようなマイノリティに限定される傾向がある．しかし，もう少し推考してみると，一人の人間は複数のマイノリティ側面を有することがあり，複数のマイノリティを持つ従業員に対するダイバーシティマネジメントはほとんど見当たらない．従って，これから日本企業がダイバーシティマネジメントの対象を選択する際には，表層的，もしくは深層的のような二者択一の基準で選ぶのではなく，総合的な視点を持つべきだと考えられる．

3）ダイバーシティマネジメントの目的：理論 VS 実証

　ダイバーシティマネジメントの捉え方において，実施する目的，もしくは実施する意義といった議論も多くなされていた．ダイバーシティマネジメントに関する研究は理論研究と実証研究に大別できる［辺見 2017］．一定数の理論研究と実証研究の事例はそれぞれ存在するが，日本企業という実施主体を考えると，理論研究はどのような位置付けになるかという疑問が浮かぶ．実証研究と合わせて，日本企業はダイバーシティマネジメントの目的をどのように捉えるべきかを述べる．

理論研究の事例として，ダイバーシティマネジメントの代表的な企業行動の
モデル研究が挙げられる．Cox [2001] は，early model というモデルを提出し，
組織の形態には，単一組織，多元組織，多文化組織といった三つの組織形態が
あり，多文化組織にならない限り，組織はダイバーシティを真にマネジメント
すると言えないと指摘した．組織の種類が多く存在しており，理論的にダイバー
シティをマネジメントできているかを判断する時に，このようなモデルに沿っ
た判断は可能になる．また，Thomas [1990] は，ダイバーシティマネジメント
を個人間レベルと組織レベルにフォーカスし，組織文化とシステムが如何に融
合できるかという独自のモデルを構築した．ダイバーシティマネジメントのモ
デルを運用する際に，そのモデルの背後にある重要な要素も理論研究において
分析されている．ダイバーシティマネジメントを実施するモデルは他にも存在
するが，論点 2 の研究結果において詳しく述べる．

　一方，実証研究の事例として，組織に対する同一化に関する研究結果により，
組織への同一化が強いメンバーは，協力作業のモチベーションが高い一方，同
一化が低いメンバーが必ずしも協力作業のモチベーションが低いと言えず，経
営陣の行動も強く組織的同一化に影響していることと職場のパフォーマンスに
帰属感や公平な処遇が影響を与えることが明らかになった [林ほか 2019]．すな
わち，多様性を持つ従業員を管理する際に，組織と同じ目標を持つかどうかと
いう基準以外に，マネジメント層が与える影響もダイバーシティマネジメント
を実施する際に考慮すべきだと示唆される．また，公正・公平な処遇をされて
いるかも従業員のパフォーマンスに関連するため，多様性を如何に平等に扱え
るかは，企業の経営上において重要な側面だと考えられる．さらに，武石[2017]
は，ダイバーシティマネジメントと転勤の関係について検討を行った結果，転
勤が会社都合を優先する形で行われている現状が存在し，転勤先から次の赴任
地に転勤するというケースは，経験した多くの社員にプレッシャーを与えてい
ることが明らかになった．従って，転勤するか否か，転勤先はどこにするかの

第1章　日本企業のダイバーシティマネジメント　*23*

判断は，会社側が決めるのではなく，ダイバーシティマネジメントに基づき，従業員の多様性を考慮し，まず転勤が可能なのかを対象となる従業員に確認すべきだと考えられる．

　ダイバーシティマネジメントの実施目的を考える際，企業により多くの利益をどのように生み出せるかという着眼点が必要であり，多くの日本企業は，何らかの利益を追求するために実践的にダイバーシティマネジメントを実施していると思われる．しかし，上述した分析結果に基づき，日本企業はダイバーシティマネジメントが実施できない原因を明らかにすることが可能であれば，理論研究におけるより適切なモデルを構築できる．実証研究を行う際に，ベースとなる理論研究がなければ，得られた結果の信憑性が欠けてくる．だが，理論研究で得られた結果は実際に企業で運用できるかを研究しない限り，机上の空論のように経営学の実用性が問われる．今後，日本企業はダイバーシティマネジメントが実施できるか否かを実証する目的を念頭に置き，実施するにあたって，発生した問題点やスムーズに実施できなかった部分を理論的研究に貢献するという融合された目的で，ダイバーシティマネジメントを行うことが重要である．

3.2.　相応しいモデルと問題点

　「性的マイノリティを対象とするダイバーシティマネジメントを実施するのに，既存モデルはどのような問題点があるか？」において，ダイバーシティマネジメントを実施する既存モデルはいくつか発見できたが，性的マイノリティを対象とする相応しい既存モデルがまだ存在していないと考えられる．本書のベースとなるダイバーシティイニシアティブの実行プロセスモデルのほか，見つけた既存モデルを説明し，日本企業のダイバーシティマネジメントの実施において，各モデルを適用させる際に潜在する問題点を述べる．

1）人材ポートフォリオ

ダイバーシティマネジメントは，日本企業がこれからの経営を行う上で不可欠なものになっているが，人的資源管理の枠組みに入っているダイバーシティマネジメントを日本企業に取り入れる際，適切なモデルはまだ見当たらない．守島 [2001] は，人材管理に関して，人材ポートフォリオを提案し，企業が維持したい人材は，企業の特殊的な職務遂行能力を持ち，外部市場で調達しにくい人材であり，そのような人材を含め，企業にいる人材を分類し，人材の育成・獲得・処遇の仕方を考えることができるモデルを人材ポートフォリオだと定義した．しかし，人材ポートフォリオは，労働者を評価するためのツールであり，内容一貫性の欠如や不適切な情報提供といったリスクが想像できる．人材の分類を行ったものの，育成の方法などが明示されないため，ダイバーシティマネジメントの実施は不適切であり，性的マイノリティ当事者を対象とする際も妥当性が欠ける．

2）人的資産フロー

櫻木 [2017] によると，人事計画が主要内容である「インフロー」，ジョブデザインが主要内容である「内部フロー」，離職関連が主要内容である「アウトフロー」といった三つのフローが人的資産管理システムにおいて存在すると明らかになった．各フローの詳細を確認すると，採用，評価，再雇用のようなものが含まれており，それぞれの項目において，ダイバーシティマネジメントを実施することが可能であれば，日本企業におけるより具体的な取り組みが見えてくると予想される．また，櫻木 [2021] は性的マイノリティ当事者を対象とする人的資産フローを作成し，図1−1に示したように，各ステップで考慮すべきポイントを提案した．しかし，現行モデルは日本企業との相性が悪く，ダイバーシティマネジメントを実施する方向性が明確になっていない．特に性的マイノリティ当事者を対象とする際に，具体的な取り組みを産出しにくいと考

第1章　日本企業のダイバーシティマネジメント　25

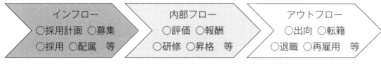

図1-1　人的資産フロー図

(出所) 筆者作成.

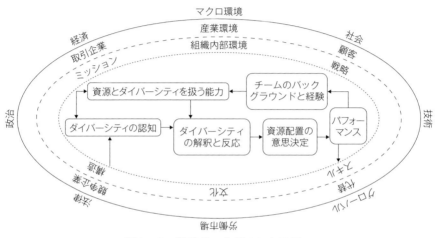

図1-2　戦略的マネジメントモデル

(出所) 筆者作成.

えられる．

3) 戦略的マネジメントモデル

　Dass & Parker [1996] は組織において，ダイバーシティをマネジメントするモデル，いわゆる戦略的マネジメントモデルを提案した．論点2の説明にて記述したが，ダイバーシティが存在する環境をマクロ環境，産業環境，組織内部環境といった三つの環境に分けた．図1-2にて，各環境に含まれる代表的要素及びマネジメントのプロセスが示されている．しかし，時代とともに，各環境に含まれている要素の変化が考えられ，大別するカテゴリーの整合性も考

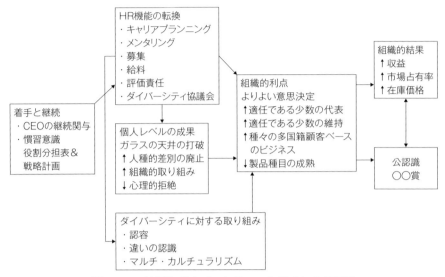

図1-3　効果的ダイバーシティマネジメントモデル

(出所) 筆者作成.

慮しなければならない．また，戦略的マネジメントモデルはダイバーシティマネジメントの対象を一括するモデルとなり，各々の対象に適したモデルなのかは疑問に思われる．従って，本モデルは現在の日本企業に相応しいモデルであると判断しかねる．

4）効果的ダイバーシティマネジメントモデル

最後に，効果的ダイバーシティマネジメントモデル［Gilbert et al. 1999］について述べる．図1-3にて示した通り，ダイバーシティマネジメントは「着手と継続」から始まり，それから「HR機能の転換」を行う．転換することにより，「組織的な利点を獲得する」，「個人レベルの成果」，もしくは「ダイバーシティに対する取り組み」になる．個人レベルの成果とダイバーシティに対する取り組みになってからも，「組織的な利点を獲得する」こともできる．その後，

「組織的結果」になるか，「公認識」になるかというプロセスを経る．組織的結果と公認識はまた相互作用を生み出す．しかし，このモデルは企業側という立場のみの分析になり，特にジェンダーの多様性に関しては「男女」というジェンダー二元論に留まっている恐れがある．ジェンダーの概念は進化しているからこそ，男女のみならず，ほかの性自認及び性的指向の当事者に焦点をあて，分析していく必要がある．しかし，本モデルは性的マイノリティ当事者にとっても同じく有効性があるかは懸念される．

小　　括

　本章は，今までダイバーシティマネジメントに関する研究を文献レビューし，日本企業はダイバーシティマネジメントをどのように捉えるべきかを「存在，対象，目的」といった三つの側面に分け，整理してみた．その後，日本企業がダイバーシティマネジメントを実施する際に，用いられるモデルを紹介し，相応しいモデルがまだ現れていないと明らかにした．結果を踏まえて，本書は組織的要因，個人的要因，新たな要因［馬越 2011］に分け，日本企業のダイバーシティマネジメントに対し，新たな知見を見出す．

第2章

性的マイノリティの変遷

は じ め に

　第1章にて，日本企業のダイバーシティマネジメントを説明したが，日本型ダイバーシティマネジメントモデルを提案できるよう，日本型ダイバーシティマネジメントの問題点を明らかにする必要がある．そのため，本書はダイバーシティのカテゴリーを特定し，性的マイノリティ当事者に焦点を当てることにした．本章では，性的マイノリティ当事者を研究対象とした理由を述べ，性的マイノリティ当事者に関する「変化」を説明する．また，性的マイノリティ当事者とダイバーシティマネジメントの関係について紹介する．

1．性的マイノリティ当事者を対象とする理由

1.1．性的マイノリティとダイバーシティマネジメントとの深い関係

　実際，企業で行われている性的マイノリティ当事者の取り組みはダイバーシティマネジメントの一環として見なすことができる．序章で述べたダイバーシティマネジメント定義のように，ダイバーシティマネジメントは多様な属性や価値観を活用し，個人の幸せを実現しようとする新しいマネジメント方法であるため［馬越 2011］，性的マイノリティ当事者の取り組みは，「多様な属性」に含まれる年齢や国籍といった他の構成要素に関連するとみなすことができる．

30

日本企業におけるダイバーシティマネジメントは，女性差別に関するものから全性別の差別に関するものに変わり，多様性の進化を成し遂げている [脇 2018]ように，限定された対象での取り組みがより幅広い対象に変化するポジティブ傾向が現れている．ダイバーシティマネジメントという管理方法において，性的マイノリティ当事者の取り組みも同じ機能を持つと考えられる．また，性的マイノリティ当事者の取り組みは，障害者雇用施策やがん患者支援施策とある程度共通性を持つため [村木 2016]，企業管理を行う際に，個別のニーズが広範囲で影響を及ぼすと予想できる．しかし，ダイバーシティには，「典型的には身体的特徴を反映する明らかで生物学的な特徴」である表層的多様性と「態度，信念，価値観などにおいて異なっていること」を指す深層的多様性 [Harrison et al. 1998] が存在する．性的マイノリティ当事者は見た目での違いという表層的多様性を持つ一面もあれば，性別に関する価値観の相違という深層的多様性を持つ一面もあるため，ダイバーシティマネジメントの対象として，より広い範囲で影響をもたらすと考えられる．

1.2. 性的マイノリティの問題を解決しようと試みる日本企業の傾向

過去10年間でレズビアン，ゲイ，バイセクシュアル，トランスジェンダー[LGBT] のコミュニティの可視性が高まっている [Webster et al. 2018] ため，近年一部の組織研究者は，LGBT 従業員が直面する職場の問題に注目し始めた．企業の組織研究においても，LGBT に代表される性的マイノリティは注目を浴びるようになった．企業は LGBT のような性的マイノリティ当事者に対する取り組みを行うと，優秀な人材の確保ができ，従業員の生産性を向上させるなど複数のポジティブ影響が得られる [Sears & Mallory 2011]．そのような取り組みは無差別雇用につながり，従業員に安心感を与えることで個人が持つ能力を最大限に発揮し，新たなイノベーションの誕生につながる．日本では，2015年の東京渋谷区同性パートナーシップ条例が日本全国で初施行されたことにより，

LGBT を含む性的マイノリティ当事者に対する日本企業の取り組みが多く行われるようになった．同性パートナーシップ制度の導入，LGBT に関する啓発セミナーや支援者を表明するレインボーバッジの着用など，数多くの事例が現れ始めた．Marriage For All Japan [2023] が主催した「Business for Marriage Equality[1]」に賛同した企業は400社を達成し，多くの企業は性的マイノリティ当事者が直面する問題解決をサポートすることを意思表明した．数多くの取り組みが行われていることから考えると，多くの日本企業は性的マイノリティ当事者が抱えている問題を解決しようとする姿勢を示している．

　しかしながら，性的マイノリティ当事者を対象とするダイバーシティマネジメントは日本企業にとって未だに大きな課題である．今まで大企業はLGBT施策を行い，取り組みの側面でリードし，優秀な人材を確保し，さらなる成長を果たしてきたが，中小企業も同じ側面を持つと考えられ，大企業に追随する必要がある [Riley 2008]．有能な人材確保といった観点で，日本の中小企業にとってもダイバーシティマネジメントは効果的である [脇 2012]．また，ダイバーシティマネジメントは企業の競争力を高める効果があり [井上 2015]，企業管理における重要且つ有効な方法として，徐々に企業に活用されるようになった．しかし，ダイバーシティマネジメントの対象である性的マイノリティ当事者には，上述した表層的な属性と深層的な属性があることにより，ダイバーシティマネジメントの実施はより難航すると推測される．従って，複雑な状況に直面している性的マイノリティ当事者に焦点を当て，重点的に分析を行い，適切な日本型ダイバーシティマネジメントモデルの提示に不可欠なものになる．

２．LGBT が代表する性的マイノリティに起きた「変化」

2.1．日本における性的マイノリティの歴史的変遷

日本では，「性的マイノリティ」がどのように扱われてきたかを時間軸で整

32

理してみた．日本において性的マイノリティは古くから存在しており，三成 [2019] によると，日本神話の中，男装もしくは女装といった表現があり，日本 の伝統文化である歌舞伎の女形はまさに性別越境者のことだと分かる．また， 同性愛に関する描写は12世紀平安時代末期に遡ることができる．それから1603 年に成立した江戸幕府では，男色という文化が生まれ，同性間性交に関する法 律はなく，男性間の非対称な関係を前提として男性同性愛が許容された．しか し，大正期に入り，男性間の同性愛を軟弱として否定的に捉える傾向が強まっ た．同性愛に関する考えはネガティブな方向に傾くようになった．その後，日 露戦争により，鼓舞された男らしさの影響で，男性同性愛への否定的傾向が深 刻になった一方，女性同性愛は家父長制に脅かされず，「エス」などといった 美化された表現が確認できた．1970年代，性的マイノリティの特定の当事者に 対する差別が生まれ，戦前まで女装男娼に対する蔑称である「オカマ」は，マ スメディアを通して広まった．1980年代，「オカマ」の意味合いがさらに広が り，トランスジェンダーの当事者や女装しないゲイ，女性的な異性愛男性まで 「オカマ」と呼ばれるようになった．このような特定のマイナスイメージを与 える用語の展開により，トランスジェンダーとゲイを混同させてしまい，性的 マイノリティ当事者に関する言葉の差別が始まった．

　だが，1990年後半，日本は当時世界中で流行しているジェンダー平等化の波 に乗り，男女共同参画社会基本法の成立をはじめ，多くの社会運動が続々と生 まれた．その後，2002年から2003年の間，一時的にジェンダーフリーバッシン グが起き，トランスジェンダーに絞った性同一性障害特例法もこの時期に生ま れた．時を経て，2010年まではオールジェンダーが中心となる社会運動を日本 各地で行われ，性的マイノリティの当事者のみならず．「アライ」という支援 者の参加も盛んである [石田 2019]．理解のある「アライ」の参加により，支 援活動がより活発的になり，社会全体での注目度が上がったとも考えられる． 現在の日本社会は，社会を構成する多くの側面での取り組みが現れ，日本企業

での取り組みもその時から盛んになった．性的マイノリティに関する歴史的変遷を見ると，開放的な時期もあれば，閉鎖的な時期もあり，性的マイノリティの捉え方は，不変なものではないと明らかになった．

2.2. 日本企業で性的マイノリティに対する意識変化

性的マイノリティの捉え方は時代とともに移り変わり，現在日本企業で見られる性的マイノリティに対する意識も変化してきており，どのように変化してきているかを整理してみた．日本企業で見られる意識変化は「性別の再考」及び「用語の使用」と２種類に分けて考えられる．

まず，性別の再考として性的マイノリティ対する意識の変化は，性別（ジェンダー）に関する意識の変化であると解釈できる．なぜなら，人間は独立とした存在であり，性別によらず自由権や社会権などという基本的人権を有し，人間らしい生活をする権利を有する［中村 2022］．従って，その基本人権に性別によるギャップが生じると，勤務する際のジェンダー平等や男女役割分担に関する議論が盛んに行われるようになる．だが，「男女」というはっきりとした性別の分け方をした時点で，ジェンダー不平等が起きる可能性がある．それに対し，石田［2019］は性がグラデーションであり，人間に割り当てられた性別や性自認の組み合わせに優劣はないと主張した．ジェンダー平等問題により，男女という二つのカテゴリーの性別ではなく，全員という包摂的概念が日本企業に浸透させようとする動きが窺える．

また，用語の使用において，以前性的マイノリティ当事者を言及する際に，差別と助長するような用語が存在している．例として，「ホモ」や「変態」など性的指向を侮辱的な言葉や，「女々しい」など性自認を否定する言葉や，「異常者」や「病気」など性的マイノリティ当事者に対する偏見が挙げられる．このような用語は，当事者のプライドを傷つけ，偏見や差別を助長し，正しい認識の構築に大きな阻害を与えることになる．それを防ぐために，日本企業や社

会では，このような用語の使用をなるべく避けるように提唱し，性的マイノリティを尊重し包摂的な環境を促進するようになった．すでに序章で紹介したが，企業で使われる性的マイノリティ用語の妥当性に関する意識変化として，新たな造語 SOGI の誕生が例として挙げられる．LGBT は性的マイノリティ当事者を代表する言葉に対し，SOGI はすべての人の属性を表す言葉であり，企業内の性的指向と性自認に関するハラスメントは「SOGI ハラ」とも呼ぶように促されている．近年，「SOGI」という単語も進化し，性的指向と性自認に，性的表現 Gender Expression と身体的性 Sex Characteristics を追加した「SOGI-ESC」が現れた．この用語は，人権機関や NGO，性的マイノリティの権利団体などが使用しており，性的マイノリティを正しく表現するには一役買った．次第に，性的マイノリティに関する意識変化により，今まで隠されていた当事者の問題が浮上しやすくなると予想される．残念ながら，日本企業を含む日本社会はまだ包摂的な考え方が十分に浸透されておらず，取り組みを行っている企業も限られている．そのため，性的マイノリティ当事者が抱える真の問題や企業の現状は未だに隠されていると考えられる．

3．性的マイノリティ当事者に対する取り組みの位置付け

性的マイノリティ当事者の取り組みとして，LGBT 施策は最も代表的である．より多くの企業は LGBT 施策が実施できるよう，村木 [2016] は，LGBT 施策の有効な実施ステップを提案した．図2−1で示されたように，ステップ1は，当事者向けの相談窓口の設置や LGBT 研修のような支援体制を作ることである．そのような取り組みにより，当事者が心理的安全を獲得でき，今後のステップに進む土台となる．ステップ2は，経営層の支援宣言や福利厚生のような職場の制度を見直すことである．性的マイノリティ当事者が勤務するにあたり，特有の悩みを抱えていることが想像できるため，社内の制度には欠陥があるか

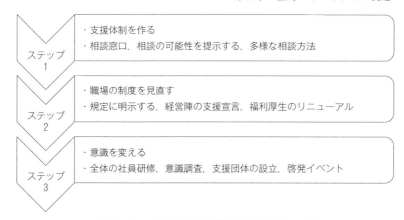

図 2-1　LGBT 施策の有効な実施ステップ
(出所) 村木 [2016] に基づき, 筆者作成.

を確認し，改正することで更なる安心感を与えられる．ステップ3は，職場内のネットワーク作りや支援者による支援団体のような社員全員の意識を変えることである．このステップには，LGBT施策を行う手順と具体的な内容のヒントが含まれている．また，性的マイノリティ当事者に対する取り組みは，会社に属するほかのマイノリティ当事者にも良い影響を与え，会社全体へのポジティブ効果が期待できる．また，ステップ1からステップ3まで，企業のあらゆる側面において，LGBTのような性的マイノリティ当事者への取り組みが考えられ，日本企業のダイバーシティマネジメントの一環として，非常に重要な位置付けになっていると思われる．だが，多くの日本企業がこの点に気付いていないことは，性的マイノリティ取り組みが進んでいない原因として考えられる．従って，性的マイノリティ当事者に対する取り組みは企業の中での位置付けをさらに強調し，企業におけるメリットをより明らかにする必要がある．

4．性的マイノリティ当事者に対する取り組みへの懸念

　第1章の冒頭で述べたように，近年性的マイノリティ当事者に対する取り組みは，ダイバーシティマネジメントの一環として認識されつつある．多くの日本企業は性的マイノリティ当事者を多様な労働力として認識し，ダイバーシティマネジメントを通して性的マイノリティ当事者の貢献を最大限にしようとしている．しかし，不適切な方法が実施されると，職場における LGBT への被害につながり，身体的及び心理的に同等の悪影響を及ぼす可能性があると考えられる．日本企業の場合，性的マイノリティ当事者を対象とするダイバーシティマネジメントを実施しているが，その内容の効果を検証することはほとんどなく，有効性が十分に考慮されないまま実施している可能性がある．総じて，日本企業は性的マイノリティ当事者に対し，有効なものを実施しているとは一概に言えない．

　どのような内容は有効なものなのかを確めるため，性的マイノリティ当事者を対象とするダイバーシティマネジメントを実施する際の，どのような問題点や実施難点が存在するかを明確にする必要がある．日本企業で勤務する性的マイノリティ当事者は，勤務先での自分の性的指向及び性自認の開示に対する態度がほとんど消極的である［三成 2019］ため，企業側は当事者を特定しにくく，当事者のニーズを把握することが困難である．また，LGBT という概念が世間に広まったのは最近の出来事［名古 2020］であり，女性や障害者といった日本企業におけるほかのマイノリティ当事者に比べ，参考にできる先進的な事例は比較的少ない．そのため，人事担当者自身の知識が浅く，実施するに至らない可能性が高いと考えられる．また，ジェンダーバイアスや学校の教育不足，性的マイノリティに対する認識の不十分さにより，性的マイノリティ当事者を対象とするダイバーシティマネジメントの実施が滞っている状況も窺える．

一方，日本企業で勤務する性的マイノリティ当事者は，ダイバーシティマネジメントの実施有無にも関わらず，数多くの問題点に直面している［名古 2021］．特定非営利活動法人 虹色ダイバーシティと国際基督教大学が実施した「LGBTと職場環境に関するアンケート調査2016」によると，日本での勤務経験がある同性愛者もしくは両性愛者の約4割，トランスジェンダーの約7割が性的指向と性自認に由来した困難を感じている．求職時に発生した性別欄の記入への戸惑い，勤務時に生じる服装の制限などが代表例である．また，性的マイノリティ当事者は，高齢化に伴い，老後の権利が守られないリスクがあるため［村木 2020］，不安に感じる当事者が多いと予想される．そのような不安を解消する相談窓口が整備されていない，もしくは窓口があったとしても，不利益を受けてしまうことを恐れ，相談ができないと考える当事者が続出する．

企業側も性的マイノリティ当事者側もダイバーシティマネジメントを実施するにあたり，多くの問題や難点に直面していることが分かった．具体的な問題点や難点を特定することができれば，性的マイノリティ当事者を対象とするダイバーシティマネジメントに着手するポイントを得ることが可能になる．従って，「性的マイノリティを対象とするダイバーシティマネジメントを実施する際，既存の共通する問題点や難点は存在するか？」という疑問の元，現状を分析した．

5．組織側及び当事者側の既存問題点

「性的マイノリティを対象とするダイバーシティマネジメントを実施する際，既存の共通する問題点や難点は存在するか？」において，「当事者への理解の不十分さ」と「当事者内部の問題の複雑さ」という結果が得られた．「当事者への理解の不十分さ」は，日本企業という組織側の共通難点であり，「当事者への差別の深刻化」，「法律と知識の欠陥」といった二つの側面に分けて述べる．

5.1. 当事者への差別の深刻化

　性的マイノリティ当事者が職場で直面する差別は広い範囲内で存在する．アメリカの職場は性的マイノリティ当事者に対する環境が平等である上，社会も前進している．しかし，数多くの職場差別が依然として存在する [Galupo & Resnick 2016]．アメリカの職場に比べ，性的マイノリティ当事者への取り組みが比較的遅れている日本社会及び日本企業では，性的マイノリティへの差別も多く確認できる．例として，「健康が侵害される」，「ハラスメントを受ける」，「勤続意欲が低下させられる」[名古 2021] といった職場での被害や，当事者に対する社会的差別による LGBT に対するアンコンシャスバイアス [三成 2019]，性的指向に関する噂，性的マイノリティ当事者の存在否定，結婚や恋愛についての揶揄 [村木 2020] など挙げられる．また，差別そのものは時代とともに変化しており，新しい差別である「マイクロアグレッション」が現れ，Sue et al. [2007] によると，性的マイノリティに対するマイクロアグレッションは「マイクロ攻撃」，「マイクロ侮辱」，「マイクロ無視」に分けられる．マイクロアグレッションは，職場の人間関係や実際の仕事や評価などに影響を及ぼすため，性的マイノリティ当事者のアイデンティティが排他化される．そのため，職場で性的マイノリティ当事者は自身が当事者であると特定できないようにする傾向があり，職場での差別もより特定しにくくなった．

　さらに，性的マイノリティ関連の差別には見えないものがあり，カバーできていないグレーゾーンが存在する [Sue et al. 2007] からこそ，日本企業は性的マイノリティ問題を未だに改善できない現状に陥っている．神谷・松岡 [2020] は，カミングアウトを前提とした同性パートナーシップ制度の福利厚生の利用は非常にハードルが高く，申請する本人だけではなく，パートナーの性的指向が強制的に開示させられると指摘した．上述したように，日本企業で勤務する当事者は自分のマイノリティ側面を非可視化する傾向があるため，企業側は着手するポイントが見当たらない可能性が大きい．さらに，当事者が就職時の履

歴書に性別を書かないと詐欺罪になるかと心配し，本来と異なる情報を提供することも考えられる．このような比較的深層的な悩みを抱えている当事者が差別だと感じるものは，よりセンシティブな部分であるため，日本企業という組織側は性的マイノリティ当事者への対応を行いにくい現状に直面する．

5.2. 法律と知識の欠陥

　日本企業は性的マイノリティ当事者を対象とするダイバーシティマネジメントを実施する際に，法律による壁と当事者に関する知識の欠陥があることが多く発見できた．Baird [2001] によると，性的マイノリティ当事者の迫害形態として，世界中で不当逮捕，処刑，投獄・鞭打ちなどが日常的に行われている．日本においては，同性愛など性的マイノリティそのものは法律違反にならないが，法律の保護対象にはまだなっていない現状があるため，性的マイノリティ当事者は法律による権利保障が得られない問題点が存在する．また，アメリカの多くの州では，性的指向や性自認に基づく雇用差別を禁止する州法が存在するが，日本にはそのような「禁止する法律」がないことは，日本と他国の法律上の違いとして挙げられる [加藤 2019]．日本企業はダイバーシティマネジメントの取り組みを行い，法律と齟齬があった場合には，法律遵守になる．現状では，日本の性的マイノリティ当事者の権利を守る法律がまだ作られていないことが，日本企業にとって，性的マイノリティ当事者を対象とするダイバーシティマネジメントを実施する際の大きな障壁となる．だが，2023年6月16日に国会で可決した「LGBT 理解増進法[2]」が誕生し，LGBT が代表する性的マイノリティへの理解を広め，差別を防ぐことを目的とし，自治体や企業の役割を明確にした．理解を促す「法律」であるが，性的マイノリティ当事者は法律面での大きな一歩となる．

　一方，企業で勤務する労働者に性的マイノリティに関する誤解や偏見も散見される．性的マイノリティに関する認識不足により，当事者が性的指向や性自

認を変えられると誤解し，当事者に無理やりに治療を勧め，心理的負担を増やした事例が確認できた［村木 2020］．また，多くの非性的マイノリティ男性は男性同士での性行為を男性のアイデンティティを放棄すると考える．異性愛者の男性は，同性愛者の男性を軽蔑する可能性があると考えられるため，男性同士の同性愛がより厳しく社会全体の指摘を受けやすい［Weinberg 1972］．一方，女性の同性愛者は「放棄するものはない」とみなされ，男性の同性愛者に比べ，女性の同性愛者は世間に受け入れられる傾向があるが，どちらも非性的マイノリティ男性からみた「下位」にあたる存在だと解釈される．日本企業において，このような風潮もまだ存在する可能性が残っている．そのほか，同性愛を病気扱いしている人は多く，免疫に関する発言もまだ存在する［風間・飯田 2010］．バイセクシュアル当事者は性別に関係なく，感情的に惹かれる能力を持っており，同時に 2 人の異なる性別の交際相手が持てると誤解されやすく［Riley 2008］，こういった性的マイノリティ当事者に関する意識の偏見がまだ多く存在する．上述した事例はあくまで代表例に過ぎないが，日本企業には性的マイノリティに対する知識はまだ足りなく，ダイバーシティマネジメントの実施が難航している．

　一方，性的マイノリティ当事者を対象とするダイバーシティマネジメントを実施する際，性的マイノリティ当事者側に存在する「当事者内部の問題の複雑さ」という難点に直面すると明らかになった．「当事者内部の問題の複雑さ」は「トランスジェンダーに見られる特殊性」と「メンタルヘルスの維持困難」といった二つの側面に分けられ，これから詳しく説明する．

5.3. トランスジェンダーに見られる特殊性

　今までの研究を網羅すると，性的マイノリティ当事者は一つのカテゴリーの対象として認識される傾向がある．性的マイノリティを一括して考えてしまうことには，真の問題が隠れ，見えなくなる可能性が潜んでいる．それにより，

第2章 性的マイノリティの変遷 *41*

性的指向のマイノリティであるLGB当事者と性自認のマイノリティであるT当事者は，抱える問題が異なることが日本企業の押さえるポイントだと名古[2021]は指摘した．ここにはトランスジェンダーに関するものが特殊であることが示唆される．Plöderl & Tremblay [2015]の性的マイノリティを調査対象者とした研究結果によると，トランスジェンダー当事者の中にも異性愛者と同性愛者が同時に存在することが明らかになった．トランスジェンダー当事者は皆同じ性的指向を持っているとは限らない．また，トランスジェンダー当事者のデータは比較的集めにくく，学術研究の調査対象者から除外されることが多く，単体として分けて考えることも少ない [Sandfort et al. 2006] ため，トランスジェンダーはほかの性的マイノリティに比べ，置かれている環境が異なる可能性がある．特に性同一性障害だと診断された場合，カウンセリングの実施が必要だと考えられる [鶴田 2010]．さらに，職場で鬱を経験したことのあるLレズビアンとGゲイの当事者が25％であるのに対し，Tトランスジェンダー当事者は35％であると村木・五十嵐 [2017] は明らかにした．このように心理的，身体的両方でのケアが求められるトランスジェンダーは，抱えている問題がより深刻且つ特殊であると考えられる．

5. 4. メンタルヘルスの維持困難

性的マイノリティ当事者が抱える難点として，メンタルヘルス維持の難しさが発見された．「LGBTと職場環境に関するアンケート調査2020」によると，LGBTのメンタルヘルスは2019年と同様に，社会平均より著しく悪く，さらに悪化している傾向があると明らかになった．また，NHKの「LGBT当事者アンケート調査〜2600人の声から〜」[2015]によると，40％近くの当事者はLGBTであることで健康への影響があったと報告されており，当事者のメンタルヘルスがかなり懸念されている．当事者が職場において，フィジカル面のみならず，メンタル面で直面する難点についても確認された．例として，トランスジェン

ダー当事者は，職場の健康診断で乳がんなどの受診を躊躇することがあり，ゆくゆくと鬱になる [村木・五十嵐 2017] ことがある．性的マイノリティ当事者は職場から遠ざかり，貧困に陥り，金銭面でのトラブルに巻き込まれる可能性が考えられる．また，異性愛者に比べ，性的マイノリティ当事者は精神問題を起こしやすく，うつ病レベルが上昇しやすい [Plöderl & Tremblay 2015] ため，より多くの精神的問題を抱えていることが考えられる．

　日本企業には，当事者のメンタルヘルスと関わる場面が多く存在する．もし職場内コミュニケーションやメンタルヘルスに関する問題が生じると，当事者がすぐ離職するケースがあると山田 [2020] は訴えている．企業側に性的マイノリティの知識や理解が少ない場合，当事者は求職時から困難を感じ，職場での差別的言動によってメンタルヘルス問題が発生し，休職する当事者の割合は非常に高くなると予想される．しかし，多くの企業は性的マイノリティ当事者のメンタルヘルスを改善しようとする動きを見せているものの，現在行われている支援施策は当事者従業員の心理的健康に影響をそれほど与えないと明らかになった [Lloren & Parini 2017]．支援施策は心理的健康との因果関係が見られず，職場における性的マイノリティ当事者のメンタルヘルスの維持は困難となる．メンタルヘルスに影響する真の要因を特定し，適切な方法が取られることが求められる．

小　　括

　本章は，日本社会及び日本企業において，性的マイノリティはどのように変化しているかを説明した．性別の再考と用語の変化により，日本企業は性的マイノリティ当事者に対するダイバーシティマネジメントが以前より行われるようになったと考えられる．また，企業の多くの側面に関係する性的マイノリティ当事者の取り組みは日本企業のダイバーシティマネジメントにおいて，非常に

重要な位置付けであることも確認された．だが，効果的な内容が実施されていないことを鑑みて，既存の問題点を分析し，企業側に存在する「当事者への理解の不十分さ」と個人側に存在する「当事者内部の問題の複雑さ」が得られた．日本型ダイバーシティマネジメントモデルを提案するにあたり，組織側及び個人側に既存する問題点を具体的にどのように改善できるかを分析し，どのような要因が存在するかも明らかにしていく必要がある．

注
1）同性婚の法制化に賛同する企業を可視化するためのキャンペーンである．
2）正式名称は「性的指向及びジェンダーアイデンティティの多様性に関する国民の理解の増進に関する法律」である．

第3章

日本企業における性的
マイノリティ取り組みの比較

は じ め に

　第1章にて，日本企業のダイバーシティマネジメントについて紹介したが，日本企業はダイバーシティマネジメントの認知が比較的遅れており，「ダイバーシティマネジメント」の捉え方に関しても，定まったものが見つからず，適切な捉え方を模索している段階である．ダイバーシティマネジメントそのものをポジティブに捉えることを提唱したが，ダイバーシティマネジメントの実施対象とされる頻度に差が存在する．例えば，藤本 [2015] は，日本企業に採用された外国人の考え方や能力を活用することは企業の活性化の原動力になると指摘している．牛尾・志村 [2018] は，障害者従業員を多く抱えている日本企業に調査を行った結果，各個人の障害者への個別的対応のほか，すべての従業員の潜在能力を活かす環境作りがダイバーシティマネジメントの鍵であると述べた．林 [2019] によると，仕事と生活との両立支援施策の利用に伴う運用経験は，女性の正社員の勤続意思にプラスの影響を与えていることが明らかになった．女性に支援施策を如何に運用してもらえるかは，ダイバーシティマネジメントにおいて，重要性が高いと示唆される．しかし，性的マイノリティ当事者という対象に関する有効な取り組みは上述した対象に比べ非常に少なく，ほとんど見つからないと言っても過言ではない．そこで，日本企業は組織側として，ダイバーシティマネジメントに基づき，性的マイノリティ当事者の既存の取り

組みを分析し，有効なダイバーシティマネジメントの内容とは何かを明らかに
する必要がある．本章では現在日本企業で行われている取り組みを整理し，有
効な取り組みが実行できている企業とできていない企業にはどのような相違点
があるかを解明し，今後の組織側のダイバーシティマネジメントの実行に有意
義な知見を提案する．

1．性的マイノリティに対する理解の不十分さ

　前章にて，企業のダイバーシティマネジメントの問題点として，性的マイノ
リティに対する理解は不十分であることが明らかになった．それでは，もう少
し詳しくみてみよう．性的マイノリティ当事者の代表である LGBT が挙げら
れるが，石原 [2012] によれば，LGBT という概念は広まりつつあるものの，
非性的マイノリティ当事者は LGBT を正しく理解していない現状が窺える．
多くの研究は，当事者に焦点を当てたが，非性的マイノリティ当事者はどのよ
うに受け入れているかの研究は少なく，社会全体で寛容性がどのようになって
いるのかも十分に明らかにされていない．性的マイノリティに対する理解は不
十分であることは，社会の多くの側面で観察できる．例えば，多くの人が学生
時代に LGBT 関連のいたずらを経験したことがあるにも関わらず，「性同一性
障害」と「同性愛」の違いをうまく説明できなかったりすること [羽田野ほか
2019] や，性的マイノリティ当事者を一括して論じることなどからすると，性
の多様性を理解していない可能性がある．

　林 [2019] は当事者にとって社会の差別より，親が理解してくれないことが
最も辛いと明らかにした．また，「性的嗜好」と「性的指向」はそもそも間違
えやすく，同性愛か異性愛を自由に選ぶことができるようなものではなく，後
天的に出てくるようなものでもないことを指摘した [林 2019]．性的指向は，
趣味のようなものではないにもかかわらず，性的嗜好だと勘違いされ，誤解さ

れるケースも間々見受けられる．まだ差別が存在する日本社会において，身近な家族から理解が得られないことや非協力的な態度を向けられることは当事者を傷つけている．「LGBTと職場環境に関するアンケート調査2016」によると，カミングアウトしているLGBTの中で，全体の51.8％の当事者だけが家族にカミングアウトしたことが分かった．本来，最も身近な存在である家族にもかかわらず，理解してくれないことなどを恐れ，約半分もの当事者がカミングアウトしていない．それに増して，職場での理解は不十分なため，職場で言語によるハラスメントやいじめに遭うことなども多々見受けられる．日本社会全体では，LGBTに代表される性的マイノリティ当事者への理解は不十分であると示唆される．

　LGBTに代表される性的マイノリティ当事者に対して，肯定的な社会風潮はフレンドリーになりつつあるにもかかわらず，人々の理解がそれに追いつかない現状が窺える．2018年の電通ダイバーシティ・ラボの「LGBT調査2018」によると，LGBT当事者は日本人口の8.9％を占めている．これは2015年に同じ調査をした際の7.6％より1.3ポイント増加している．日本社会が性的マイノリティ当事者に対し，より寛容になったことで，当事者であることを公表する人が増えたと考えられる．だが，実際に多くの当事者たちが職場で仕事をする際に，未だに多くの問題点に直面している．性的マイノリティ当事者が職場で直面している問題はすべて人為的なものであり，自己決定権が否定されることが挙げられる [鈴木 2019]．強制的に振り分けられた制服を着る「ジェンダー系列の不自由」や，恋愛相手を隠す「親密圏の不自由」などが事例として挙げられる．性的マイノリティ当事者は，自由に自分が思う通りに自分の性を表現できず，非当事者に理解されず，交際相手を隠さなければならないなど，精神的により多くの負担を抱えていることが分かる．性的マイノリティであることで傷ついたり，憂鬱になったりすることで，当事者が離職に至るケースも珍しくない．しかし，それが原因で離職してしまう場合，企業側は本当の理由が分か

らず，職場環境は改善されないままになる［森永 2018］．組織である日本企業
は，性的マイノリティ当事者のニーズを把握できていないことが多いと予想で
きる．

２．既存取り組みの現状

　日本企業及び日本社会は性的マイノリティ当事者に対し，どのような取り組
みをしてきたかをまとめてみた．2003年に「性同一性障害者の性別の取扱いの
特例に関する法律」が成立され，「二十歳以上であること」や「現に婚姻をし
ていないこと」など五つの条件を満たした場合のみ，性別の変更の審判をする
ことができる．当時，世間の関心がまだ低く，法律が制定されてから性的マイ
ノリティの当事者に対する関心が以前とあまり変わっていなかった［四元・千
羽 2017］．しかし，性別適合手術を受けても戸籍上の性別の変更ができないと
いう状況に問題意識を持った当時の議員により，社会が性的マイノリティの関
心を持つように働きかけたと示唆できる．その結果，2008年に当法律における
条件である「現に子がいないこと」から「現に未成年の子がいないこと」に改
正された［中塚 2021］．それから以前，日本のオネエタレントにより，LGBT
に対するイメージが偏ったものであり，侮蔑的なニュアンスも含まれているも
のとなっているが，2012年から東京レインボーパレードのような社会活動が始
まり，特に2015年の１年間では大きな変化が現れた［中井・大藪 2015］．

　日本の法律では同性間の婚姻がまだ認められないが，2015年東京渋谷区同性
パートナーシップ条例が日本全国で初めて施行されたことにより，行政機関は
性的マイノリティ当事者に対する関心が高まっていることが示唆される．特定
非営利活動法人虹色ダイバーシティの統計によれば，同性パートナーの承認に
関しては，年々増加しており，2024年３月現在，37の国・地域で同性婚が可能
である．日本において，渋谷区では一定の条件を満たした二者間の社会関係を

証明するものであり，申請の内容により審査が通った場合，証明書が発行される．証明書そのものは法的義務が発生しないが，社会に同性間のパートナーシップの認知を促すには大きな影響を与えたと思われる．現時点，「全国自治体パートナーシップ制度　検討・実施状況」によると，2024年3月1日時点で，自治体は少なくとも397の自治体は導入している．性的マイノリティの人権問題に真剣に取り組もうとする社会的風潮が定着し始め，性的マイノリティの人権を守ろうとする行政の動きが進んでいる中で，法的制度や公共インフラも着実に変わりつつある．

　一方，日本企業も性的マイノリティ当事者に積極的取り組むようになった．例として，KDDIでは，同性パートナーも配偶者として承認され，本来異性配偶者に適用される祝い金，休暇などの社内制度が同性パートナーにも適用されるようになった．また，スターバックスジャパンでは，現在まだ日本の法律に認められていない同性伴侶については，法律上の結婚と同等のパートナーシップ制度を導入している．スターバックスジャパンが定めている条件が満たされれば，戸籍上の配偶者と同じく福利厚生の対象になる．さらに，リブセンスという会社では，同性パートナーシップまたは事実婚を法律上の婚姻と同じ扱いをし，慶弔休暇や見舞金の支給対象とした制度を実施している．さらに，LGBTに対する先進的な取り組みを行った企業に対して，表彰式を行う任意団体Work With Prideも存在している．ホームページに掲載されているPRIDE指標に基づき，ブロンドからゴールドまでの評価が2016年から毎年行われている．

　図3-1で示したように，2016年から「Work With Pride」に応募した企業と受賞した企業の数は年々右肩上がりになっている．「Work With Pride」は，性的マイノリティに関するダイバーシティマネジメントの促進と定着を支援する団体であり，2016年に日本の職場におけるセクシュアルマイノリティへの取り組みを評価する「PRIDE指標」を制定した．それ以降毎年日本の職場での取り組みをブロンズ賞からゴールド賞まで，3段階で評価している．「PRIDE

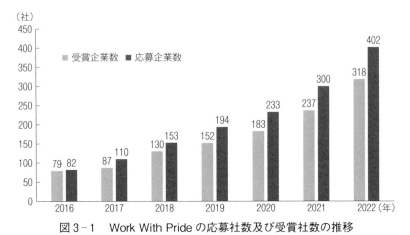

図3-1　Work With Pride の応募社数及び受賞社数の推移

（注）グループ内全社によるグループ応募，またはグループ内の複数社連名によるグループ・ホールディングス内複数社連名応募［以下複数社連名］による企業・団体を結合した数値である．
（出所）筆者作成．

指標2016レポート」と「PRIDE指標2022レポート」によると，応募企業・団体は当初2016年の82社から2022年の842社まで増加し，7年間で増加率は10.3倍となる．さらに，ゴールド賞は2016年の53社から2022年の318社まで増加し，増加率は6倍となる．日本企業全体で，性的マイノリティへの関心や具体的な取り組みが飛躍的に進歩しており，LGBTを含む性的マイノリティ当事者に対する取り組みを実施する日本企業が増えている．

3．性的マイノリティと日本企業

だが，総務省・経済産業省「令和3年経済センサス―活動調査　速報集計」［2022］によると，日本には367.4万企業があると統計されているのに対し，性的マイノリティに対する取り組みを行っている企業の数は氷山の一角に過ぎず，全体の企業認識はまだ全面的に浸透していないと示唆される．取り組みを行っていない企業が数値的に大半を占めているのが現状である．さらに，性的マイ

ノリティ当事者に対する取り組みを効果的に実施している企業もあれば，でき
ていない企業もあり，両者にどのような差異が存在しているかは明らかになっ
ていない．

　前章でも言及したが，2015年に東京渋谷区が日本で初めて同性パートナー
シップ条例を施行して以降，性的マイノリティは徐々に日本社会で注目される
ようになった．企業内での性的マイノリティ当事者に関する取り組みも以前よ
り盛んになり，多く見受けられる．柳沢ほか［2015］によると，会社内差別禁
止規定やポリシーの明示，従業員向けの LGBT 研究と講演会，LGBT 当事者
の勤務における困難を配慮した施策の実施などが多くの企業で行われた．企業
で実施できる取り組みの種類がより豊かになり，「Work With Pride」に応募
する企業数も増え，性的マイノリティ当事者に関する企業の取り組みが順調に
進んでいる企業が存在する．実際に「Work With Pride」を連続受賞している
企業が行なっている取り組みの特徴を明らかにすることができれば，効果的な
取り組みが実施できる共通原因も特定できると考えられる．

　一方，ダイバーシティマネジメント対象である性的マイノリティ当事者に対
する取り組みを実施する際に，目的は「理論研究」と「実践研究」に大別でき
る［辺見 2017］ため，各企業の実施する目的が異なる場合，実施に関する困難
も異なると予想される．しかし，現在取り組みが難航する原因と取り組みが実
施できない理由を明らかにする研究が見当たらない．性的マイノリティに対す
る取り組みができない原因や企業における職場の問題点を明らかにすることに
より，今後，性的マイノリティフレンドリーな職場を目指すことができ，企業
のダイバーシティマネジメントの推進が期待できる．また，本書の目的である
日本型ダイバーシティマネジメントモデルの組織的要因の特定にもつながる．
従って，性的マイノリティ当事者に関する取り組みを効果的に行えていない企
業は，どのような取り組み難点に直面しているかを分析することにより，共通
する問題点や難点の発見が考えられる．

52

　上述したことをふまえて，LGBT をはじめ，性的マイノリティ当事者が職場で直面する様々な場面において，効果的に取り組みが行えている日本企業及び効果的に取り組みが行えていない企業の比較研究を行い，両者においてどのような違いがあるかを見出す．また，性的マイノリティ当事者が勤務する職場に焦点を当て，比較研究を通して，性的マイノリティ当事者をダイバーシティマネジメントの対象とする際，日本企業はどのように実施すべきかが提案できる新たな知見を見出す．従って，研究課題は以下のように立てた．

研究課題1：効果的に性的マイノリティへの取り組みを実施した日本企業にはどのような特徴があるか，効果的な取り組みが実施できた共通原因とは何か．

研究課題2：性的マイノリティに対する取り組みが行えていない企業の実施困難としてどのような特徴があるか，効果的な取り組みが実施できていない共通原因とは何か．

研究課題3：性的マイノリティ当事者をダイバーシティマネジメントの対象とする際，効果的に実施できた日本企業と実施できていない日本企業ではどのような側面で差異が生じたか．

4．日本企業へのインタビュー調査

　本章の研究課題を踏まえて，Work With Pride という性的マイノリティを支援している任意団体の PRIDE 指標に基づき，ゴールド賞を受賞している企業から，異なる業界の企業を三社選び，制度的に優れているものを解明する．また，Work With Pride に応募しておらず，受賞できていない企業を三社選び，比較対象とする．Work With Pride のホームページによると，PRIDE 指標は2016年に始まった日本初の職場における性的マイノリティ当事者に対する取り

表3-1　調査対象基本データ（調査時）

企業	企業内容	事業規模	社員数	担当者の属性	調査時期
A社	金融	中小企業	300人未満	人事部部長等	2019年 12月2日
B社	学術研究・専門・ 技術サービス	大企業 （日本事業規模）	10,000人以上	人事部部長	2020年 2月25日
C社	電気通信事業	大企業	10,000人以上	総務人事本部 Diversity&Inclusion 推進室室長	2020年 2月25日
D社	情報通信	大企業	3,000人以上	SDGs プロジェクト ディレクター	2022年 12月19日
E社	電気機器	大企業	10,000人以上	ダイバーシティ 推進チームメンバー	2022年 12月16日
F社	サービス	中小企業	300人以上	ダイバーシティ部署 メンバー	2023年 1月23日

（出所）筆者作成.

組みの評価指数である．評価項目は五つのカテゴリーに大別されている．① Policy：行動宣言，② Representation：当事者コミュニティ，③ Inspiration：啓発活動，④ Development：人事制度・プログラム，⑤ Engagement/Empowerment：社会貢献・渉外活動となっている．

　流れとして，まずゴールド賞を受賞している最も優良な企業として選ばれている企業にインタビューを実施する．選択した各業界で連続的に受賞している「A社」，「B社」，「C社」のヒアリング調査を行う．それから，比較対象として，「D社」，「E社」，「F社」を選択し，ヒアリング調査を行う．実際の調査質問項目はPRIDE指標の評価項目に基づき，各カテゴリーで行っている制度などのヒアリング調査内容である．研究への協力を断った企業を合わせ，合計10社の日本企業に打診した結果，6社から承諾を得ることができた．各企業の担当者が同意した上，PRIDE指標の評価項目に基づき，半構造化インタビュー調査を行った．また，研究対象については匿名の形で分析や記述を行い，企業担当者のプライバシー保護及び企業機密漏洩防止のため，調査対象基本データ

のみ表3-1にて示す.

　本章では，定性的研究方法であるSCAT[1]を用いてデータ分析を行う. 比較対象とした性的マイノリティへの取り組みが効果的に行えていないというネガティブな調査に応えられた企業は極めて少ないため，本章の研究対象は小規模だと考えられる. その特性を考慮し，SCAT分析という方法が最適だと考え，本章の分析方法として用いる.

5．比較研究で得られた特徴と原因

　本章の研究課題に対し，企業に対するインタビュー調査を行った. SCAT分析を用いて，得られた研究結果を述べる. 研究課題1「効果的に性的マイノリティへの取り組みを実施した日本企業にはどのような特徴があるか，及び効果的な取り組みが実施できた共通原因とは何か」において，「採用，人材確保に特化した取り組み」，「当事者のパフォーマンスを重視した取り組み」，「当事者の日常生活をフォローした取り組み」といった特徴が得られた. また，共通原因として，「徹底した支援宣言」，「自主的に行われた教育」，「他のステークホルダーとの協力」が発見できた. 研究課題2「性的マイノリティに対する取り組みが行えていない企業の実施困難としてどのような特徴があるか，効果的な取り組みが実施できていない共通原因とは何か」において，直面する困難の特徴として，「対象者のバランスへのこだわり」，「適切な方法の特定困難」，「業績と従業員の絶対的平等」が発見できた. また，「社会的評価基準の不備」，「一律な実施の難しさ」，「当事者の特定困難」が共通原因として得られた. 研究課題3「性的マイノリティ当事者をダイバーシティマネジメントの対象とする際，効果的に実施できた日本企業と実施できていない日本企業ではどのような側面で差異が生じたか」において，「実施対象」，「実施環境」，「実施内容」の三つの側面での差異が見られた.

5.1. 効果的な取り組みができた企業の特徴と共通原因

1）採用，人材確保に特化した取り組み

　　おととい他の採用担当者と一緒に採用のイベントに参加していたんですが，そこのブースにレインボーの旗をたててたんですね．それで，うちの会社って知ってました？　という話をしたときに，大体はCMで知ってましたっていう学生が多いですけど，ある学生は，「知ってましたよ．これで知ってました」とレインボーの旗を見ながら，そのような言葉をかけてくれました．「なんか保険のそういう取り扱い，僕も当事者なんですごい注目してました」とも言ってくれました．そういう瞬間やはりすごくうれしいというか，なんかわざわざ採用の場とかで，「LGBTです」と言わないわけですよ．別にいうことでもないと思いますし，「あなたLGBTですか」と聞くわけもないですが，そのようなレインボーの旗とかで，そういうところで私たちの視線というのは，そのまま伝わればいいなというところを思っていて，それはいやらしくなく，そのまま伝わって，またそれをそのまま受け取ってくれる人がいるというふうに広がってきたというのは，すごくうれしい瞬間ですね．

　上述したように，A社の取り組みの中では，採用過程及び当事者入社後の人材流出を防ぐための取り組みが最も特徴的である．採用段階では，支援者を表すレインボーフラッグを飾り，LGBTフレンドリーであることを当事者に意志表明している．企業の面接では，自分の性的指向を公開する当事者は非常に少ない中，この取り組みにより，性的マイノリティ当事者は入社しても差別されないと安心ができ，カミングアウトせず，安心して働けると考え，積極的に応募すると思われる．また，当事者の入社後の離職防止に関しては，現在主流であるインターネットeラーニングや，社員研修の一環としてのセミナーなどより，エンタテイメント性が高いパネルディスカッションの形の研修を用いてLGBT関連コンテンツを社員に提供した．このような取り組みが実施されることにより，性的マイノリティ当事者の転職リスクが減り，人材確保ができた．さらにA社の売り上げにも貢献し，市場における競争優位性の獲得にもつながる．

2）当事者のパフォーマンスを重視した取り組み

　　当事者の人は，高い社会的地位について，カミングアウトしてほしいですし，高い社会的地位につくことにより，発言力のあるポジションも目指してほしいと思います．やはり企業も人事としては，社会福祉ではないので，より高いパフォーマンス性を出してもらう，また本来ではそのようなしっかりとしたキャリアを積んで，きちんと発言力のあるポジションにつくというのは影響力の伝播がすごく早いですね．

　Ｂ社が行った取り組みに関して，最も特徴的なのは経営学観点からの支援活動だと思われる．Ｂ社の担当者は性的マイノリティ当事者のプライベートである性的指向以外は，他の社員と全く変わらないと主張し，如何に社員により高いパフォーマンスを発揮してもらえるかを考える組織だと述べた．実際，Hewlett & Sumberg [2011] によると，従業員が自分の話した言葉によって批判されることを心配せず，ありのままの自分の姿で働ける場合には，生産性も上がり，より団結的，献身的になると明らかになった．LGBT 支援的な宣言は，企業価値，従業員生産性[2]，収益性との関係について，相関関係分析を行った結果企業価値，従業員生産性，収益性とすべて正の相関関係があることが明らかになった [Pichler et al. 2018]．だが，カミングアウトすることは，現在の日本企業において非常に勇気のある行動であり，より高い社会的地位の人がカミングアウトすると，より効果的だとＢ社の担当者は助言している．また，性的マイノリティ当事者には多様性が存在し，性的指向のマイノリティ当事者に対する同性パートナーシップ制度さえできれば，一般社員として接するべきだとＢ社の担当者は考えている．当事者がいる職場では，変に配慮しない，変に気にしないといった立ち振る舞いにより，心地よい職場環境になり，当事者をはじめ，その場にいる従業員全員のパフォーマンス向上につながる．Ｂ社のLGBT問題を特殊化しない，特例化しないという平等の取り組みが最も評価されていると考えられる．

3）当事者の日常生活をフォローした取り組み

　　異性パートナーとの子どもがうちの社員の実子・養子だったら，普通の子ど
　もとして扱えるのですが，同性パートナーの子どもだとすると，同性婚が法制
　化されていないので，うちの社員は親権が持てず，何のケアもできなかったん
　です．けれども，当事者が抱えている困難を少しでも解消できるよう，血縁関
　係のない子であっても，社内制度上は「家族」として社内制度の適用を認める
　よう，調整しています．同性婚の法制化を待つよりも，今は企業としてできる
　ことを，できる範囲でやりたいなと．

　C社の取り組みは，当事者の心理的側面の配慮を主に行ったことが特徴であ
る．当事者が生活していく上で，困りそうなことを解決しようという姿勢が窺
えた．当事者専用の相談メールアドレスや当事者だけのコミュニティなどは例
として挙げられる．専用相談ツールの設置により，当事者しか分からない生活
上の困り事や悩みなど，当事者のコミュニティで打ち明けることができ，心理
的安全性という効果が期待できる．また，NHKが実施した「LGBT当事者ア
ンケート調査〜2600人の声から〜」[2015]によると，実際に，法律関係による
元妻，元夫との子どもを持ち，現在同性パートナーがいる人数は96人で5.6％
の割合を占めており，さらに子どもを持っていないが欲しいという当事者は半
分以上の割合を占めていることが分かった．当事者の配偶者についてしばしば
言及されたが，同性パートナー間の子どもに注目した日本企業は極めて少なく，
調査した時点[3]でその取り組みもまだ進行中となっているが，このような着目点
は非常に大きな意味を持つと考えられる．さらに，本来，親族が同性パートナー
に反対意見を持ったものの，入社した企業の承諾により，賛成する態度に変わ
り，企業のブランド価値がそのように活用された事例もあった．このように商
標，技術，人的資源のような数字で表しにくいブランド価値[Hall 1992]が活
かされ，性的マイノリティ当事者の継続的な勤務につながる．C社において，
当事者の周りへのフォローは最も評価されていると考えられる．

4）徹底した支援宣言

Work With Pride の評価項目に基づき，支援宣言は最初に評価されるものが
ポリシーであり，行動宣言が含まれる．評価基準には，対社外，対社内 LGBT
の公開はどのように行われているかといったコンテンツがあり，A，B，C 3
社とも「対社外と対社内」に力を入れている．3社とも対社外のグローバルポ
リシーやホームページの報告レポートの中に，LGBT に対する態度の意思表明
が確認できた．対社内の労働条件もしくは社内の行動指針に性的マイノリティ
を差別しないという記述も見られた．他の日本企業では，対社外，もしくは対
社内のどちらかで宣言することが多く，取り組みの一貫性が欠けており，対社
外と対社内の態度が違うと思われる恐れがある．それにより，実際に働いてい
る当事者の社員が会社の態度に対して分からなくなり，社員の企業への信頼喪
失にもつながる．対社外と対社内の一貫した支援宣言はより評価され，外部か
らも内部からも高評価や支持が得られ，取り組みにおいて欠かせない要素であ
る．吉田・高野［2018］が指摘した企業方針の開示とパフォーマンスの関係性
も一貫性により支持され，一貫した支援することの有効性が確認でき，有効な
性的マイノリティ当事者のダイバーシティマネジメントを実施できた共通原因
として挙げられる．

5）自主的に行われた教育

大学の授業において，LGBT 当事者との接触経験に着目して，意図的にその
ような状況を設定し，授業前後のアンケート調査をした結果，LGBT に対する
フォビア点数[4]，身近な友人に対するフォビア点数が下がった［佐藤 2019］．こ
のような授業の内容により，性の多様性に対する理解が進んでいると同時に，
性の多様性を尊重するという態度も育成されたことが明らかになった．学校と
同じく企業にも当事者がいる環境の中，当事者とどのように接するかといった
研修内容により，当事者と関わる態度や当事者への意識に変化をもたらす．A，

B，C 3 社とも自主的かつ積極的に LGBT に関する教育を社員に実施している．内容として，性的マイノリティ当事者に関する基礎知識もあれば，実際にビジネスの場面で顧客もしくは取引先の相手が当事者だったらどうするかといった応用編もある．当事者にまつわる問題が起きてから問題を認識し，改善するという姿勢ではなく，当事者問題を防止するといった意味合いで実施した．事前の基本概念と起こり得ることに関する教育は，有効な性的マイノリティ当事者のダイバーシティマネジメントを実施できたもう一つ共通原因として考えられる．実際，このような取り組みを行うことで，全く知らない状況では差別や誹謗中傷になりかねないものを事前に予防することができると考えられる．自主的な教育は，今後職場環境改善にも効果をもたらすと期待できる．

6）他のステークホルダー[5]との協力

インタビューを通して，一つの企業での取り組みだと効果が小さく，影響力も極めて少ない現状が窺えた．より広い範囲で取り組むには，他社との協力が必要で，社会全体への発信ができるようになる．また，当事者の問題を改善する際，政府機関との交渉が必要と場面が多く存在する．ハード面の改善をしようとした際，自社だけでは改善できず，アウトソーシングしなければならない場合，発注相手と管理会社との交渉も必要になってくるため，そのようなステークホルダーからの協力は非常に大きな役割を発揮する．たとえば A 社は，図書の贈与のような支援活動を行うため，図書館との交渉が必要となってくる．性的マイノリティ当事者のダイバーシティマネジメントは企業各々で行われているものだと思われがちだが，効果的なものは多くの関係者が関係することが明らかになった．社会全体の協力により，性的マイノリティ問題は注目を浴び，当事者がより働きやすく，社会全体も性的マイノリティに対する認識が増加するといった相乗効果が見られる．他のステークホルダーと協力することは，性的マイノリティ問題がより多くの社会構成側面で検討され，多側面において性

的マイノリティの存在を強調する役割を果たした．本来，企業だけで解決しにくい問題は，他のステークホルダーと協力することにより，企業以外からの支援を獲得し，解決できる方法をより見つけやすくなった．従って，他のステークホルダーと協力することは，有効な性的マイノリティ当事者のダイバーシティマネジメントを実施できた共通原因として考えられる．

5.2. 取り組みができていない企業の特徴と共通原因
1）D社：対象者のバランスへのこだわり

> まずは人権ってどちらかというと，会社が創業する時にベースでなきゃいけない，マスト事項で，さらにダイバーシティっていう考え方があって，いろいろな面があるんですよね．なので，まさに今年の2月にダイバーシティに関する全社的な合意っていうところを得るために動いているとこで，その次にLGBTQという順番があるかなと思って，やっぱりベースがないのに，LGBTだけやりますっていうことでは決してないと思います．

性的マイノリティ当事者に対し，D社は取り組みを始めようとしている．性的マイノリティ当事者のニーズを発見するためのアンケートが例として挙げられる．だが，そのような取り組みは性的マイノリティ当事者に特化したものではなく，D社で定めている人権方針に従って，実施しようとしているものだと考えられる．多種多様なダイバーシティがある中，D社はどのダイバーシティから着手するかという優先順位がすでにある．しかし，D社は性的マイノリティに対する取り組みを行う際に，他の社員をエンパワーメントできるかを原則とする．性的マイノリティに関する取り組みは，ほかの社員に影響を与えられるか，他の社員を鼓舞できるかといった実施要素が含まれる．D社は，すべてのマイノリティ当事者の問題をカバーできる取り組みを優先する傾向があると考えられる．マイノリティ間のバランスを維持する方式を取っているため，より多くの従業員のニーズを満たそうとする姿勢が見られた．また，関連会社もし

くはグループ会社に対し，方向性を示し，多くの事業所に自由にアレンジすることを求める．マイノリティ側になる従業員は性的マイノリティ当事者以外に，外国籍労働者や高齢者など多数存在するため，各事業所や関連会社が優先すべき取り組みを指導するスタイルを採択している．一つのマイノリティにフォーカスするより，マイノリティ間のバランスを維持する方式で実施しているため，性的マイノリティに特化した取り組みがなかなか実施されない．より多くのマイノリティ当事者に通用する取り組みは，かえって性的マイノリティ当事者にとって効果的ではないものになってしまった．

2）E社：適切な方法の特定困難

　　本当は，今5人ですけど，1人がグループ長で，私ともう1人が兼務って形て業務は20％だけこの活動に参加します．専任は2人だけ，圧倒的に人は足りないと思います．一つずつのダイバーシティの事象に対してやり方を考えないと色々は難しそうだなと…中略…業務するにあたって，自分の能力不足というところもありまして，この業務に対してもう少し伝授してほしいと思います…中略…今いる部署はフレキシブルかなっていう感じですね．というのは，組織ができたばっかりなので，何をやるっていうのが決まってるわけじゃなくて，まず，何をやるべきかというのを考えます．

　E社は，ダイバーシティの取り組みを考える部署にたった5人しかいない現状がある．メンバーは全員女性であり，性的マイノリティ当事者をはじめ，ほかのマイノリティ当事者のニーズを把握しにくいことが考えられる．ダイバーシティマネジメントを行う風潮に乗り，E社も積極的に職場の問題を解決しようという姿勢を見せたが，対象となるマイノリティ当事者の真の需要や悩みなどを理解できない窮地に陥る．問題改善という目的が先行し，肝心となる取り組み対象の状況を把握することができず，ダイバーシティマネジメントが順調に進まない．また，取り組みを行う意欲が強いものの，どのように始めるべきなのかが担当メンバーは分かっていない現状がある．ダイバーシティは目で見

て分かるもの［表層的］と目で見て分からないもの［深層的］に分けられている
と把握しているが，それから行うべき行動の内容が把握できていない．性的マ
イノリティを取り扱う部署そのものの成立は比較的新しく，既存の取り組みを
行うより，取り組みのアプローチを考えるという業務が課されている．適切な
方法が曖昧であり，方法の特定困難はE社の取り組みの実施にあたって，最
も特徴となるものだと考えられる．

3）F社：業績と従業員の絶対的平等

　　今の会社では，差別とかあんまり感じないけどね．会社にとって，会社へど
　れくらい貢献できるか，どのように利益を最大化してくれるかということは優
　先順位が高いため，いかに会社に多くの利益をもたらせるか，いかに与えられ
　た仕事ができるかはポイントになってきます．「私は性的マイノリティです」と
　か，仕事するにあたって，誰も興味ないんじゃないかと思いますね．それと関
　係するんですが，仮にカミングアウトしても，同僚間では興味を示さない人が
　多いんじゃないかな？　しかし，会社の名誉と関係するものになると，会社は
　また重要視します．

　F社の担当者によると，F社は利益を追求し，従業員の業績を評価するタイ
プの会社である．そのため，性的マイノリティに関する知見や知識を有する従
業員は比較的少ない現状がある．また，企業の名誉や企業の利益を最優先事項
として考えるため，従業員の性的マイノリティのみならず，プライベートに関
する事象は業務に支障を与えない限り，ほぼ無関係と見なす傾向がある．一方，
企業に悪い影響を与えてしまうような出来事が生じた場合，F社は非常に重要
視する．現在のF社では性的マイノリティに関する取り組みもなく，福利厚
生や制度的なものもない．F社は性的マイノリティ当事者の取り組みだけを行
わないのではなく，世間一般的に認識されているマイノリティ当事者全員に対
する特別なものも行わないと担当者は述べた．もし，性的マイノリティ当事者
に対して何かを実施すると，当事者は自分自身が差別されていると考えてしま

い，非当事者は当事者のことを誤解してしまうリスクさえ存在する．普段，会社の正式な会議や非正式な飲み会などでセクシュアリティは話題として滅多に上がらないことを考えると，性的マイノリティ当事者に対し，制度的に特例を出す必要はないとＦ社の担当者が解釈している．誰かを特別扱いすることは一切なく，全従業員を平等に待遇するということは，Ｆ社の最も特徴となるものである．このような特徴は諸刃の剣のように，「全員平等」な社風を創造し，従業員間の差別を招きにくい反面，マイノリティ当事者が悩みを抱えていることを抹消してしまう可能性がある．

４）社会的評価基準の不備

　性的マイノリティ当事者のダイバーシティマネジメントを実施できていないＤ，Ｅ，Ｆ３社とも，「Work With Pride」に応募した経験はない前提で調査を行った．３社の担当者は自社が「Work With Pride」という賞の評価基準に達していなく，応募することはまだできないと考えている．賞を取ることができる体制が整っている，どのタイミングで応募しても賞が取れる会社の制度が作られていることは受賞の前提であるが，３社とも社会的評価基準の不備があることが確認され，受賞できる基準を満たしていない．例として，当事者によるコミュニティ及び支援者であるアライコミュニティは３社とも存在しなかった．性的マイノリティ当事者が悩みを言える仲間がいるという環境は整っておらず，評価基準に含まれている当事者コミュニティという要素が欠けている．その上，当事者を支援するコミュニティもなく，当事者に寄り添う姿勢が感じられない社内環境につながる．また，３社とも啓蒙活動が有効的な取り組みだと認識していると述べたが，啓蒙活動の実施状況が悪く，啓蒙活動の内容作りも難航している．啓蒙活動として，どのような方法でどのような内容を提供するかはもっとも重要だと考えられ，どのように作るべきなのか，誰が作るべきなのかに対し，３社の担当者は悩んでおり，評価される内容に仕上げることは困難だと感

じている．その中，担当者でさえ性的マイノリティに対する態度が積極的ではないことが判明した．評価基準となる啓発活動に関してはかなりの欠陥があり，社会的評価基準の不備があることは効果的に取り組みが行えていない企業の共通原因である．

5）一律な実施の難しさ

効果的に取り組みが行えていない3社は性的マイノリティ当事者に特化するわけではなく，「全員平等」という前提条件を用いてダイバーシティマネジメントを一律に実施しようとしている．特定のマイノリティグループに特化した取り組みを行った場合，「全員平等」ではない認識が生じ，ほかのマイノリティ当事者に「差別待遇」と誤解を与えてしまうため，性的マイノリティ当事者に特化した取り組みの実施が難しいと担当者が語った．例として，従業員向けの相談窓口は誰でも利用できる比較的広い幅の対応ツールが3社にも存在するが，ヒアリング調査の結果，D社の実績2件のほか，E社もF社も調査時点までセクシュアリティに関する相談実績はなかった．「誰でも相談可能」は一見相談のハードルが下がるように思われるが，性的マイノリティ当事者にフォーカスした相談窓口ではないため，当事者は身バレもしくはアウティングされるリスクがあると考え，仮に相談するとなった際に適切に対応されるかといった心配が生じる．誰でも利用できるという相談窓口は性的マイノリティ当事者に利用しやすい環境を提供しているように見えるが，本章の研究結果では当事者が利用しにくい実態が明らかになった．

さらに，全員平等という概念のもと，マイノリティ当事者に焦点を当てることに疑問を抱く担当者もいた．F社の担当者は，性的マイノリティ当事者である友人の中に，勤務する際に困難だと考える人がおらず，なぜ性的マイノリティ当事者がダイバーシティマネジメントの対象となるかの理解は難しかったと述べた．日本企業で従業員が勤務する際に困難だと考えるのは性的マイノリティ

だけではなく，非性的マイノリティ当事者も似たような困難を抱えている人は
いるため，性的マイノリティを平等扱いするには，全員平等ということが最も
相応しいと判断される．しかし，このような判断を下すには，社会もしくは所
属する会社という組織メンバー全員が性的マイノリティに対する一定の知識を
有すること，もしくは性的マイノリティに対するバイアスや偏見がないことは
前提として考えられる．効果的に取り組みを実施しているB社は性的マイノ
リティ当事者の特有の問題を特定し，その問題を解決する特化した内容を実施
した上，特別扱いをしないことを訴えている．そこは根本的に異なっているこ
とを強調したい．

6）当事者の特定困難

　日本社会においては，自分自身は性的マイノリティだと自由に言える環境に
なっていないため，日本企業で性的指向と性自認を開示することも未だに難し
いと考えられる．ダイバーシティマネジメント内容を考える担当者側は，より
多くのニーズを見つけたいため，当事者は誰なのかを特定したいと考えられる．
しかし，D社で実施したアンケートの実施結果，「その他」という性別を選択
した従業員はわずか1％であった．自分は性的マイノリティであることの言い
にくさが感じられる．無論，このような選択肢は性的マイノリティの種類をカ
バーしきれないため，取り組みの参考になりにくいとも解釈できる．また，当
事者はカミングアウトのハードルが高い中，不本意のカミングアウトをさせて
しまうと，職場でのハラスメントにつながりかねないため，非当事者の担当者
は当事者のニーズを非常に把握しにくい．日本企業においては性的マイノリ
ティ当事者に適切な取り組みを産出することが難航している．

　このように，性的マイノリティ当事者の可視化の難しさにより，性的マイノ
リティ当事者が抱える真の問題の特定が非常に困難である．性的マイノリティ
当事者が抱える問題はどこにあるか，どのような問題なのかがまだ隠されてい

る．それで日本企業はダイバーシティマネジメントを実施する際，性的マイノ
リティ当事者は抱える困難がほぼないと考え，対象としない事象が起きている．
仮に社会の風潮に合わせ，企業で何らかの形で取り組みを行おうとしても，従
業員の参加意欲は低く，効果的に実施できない可能性が大きい．次第に，見え
ない問題を改善することは担当者のモチベーション低下につながり，当事者が
抱えている問題がさらに浮上しにくくなり，当事者の特定困難は取り組みが行
えていない共通原因として考えられる．

5.3. 効果的な取り組みができた企業とできていない企業の差異

　本章で調査した6社の企業の文字起こしのデータに基づき，効果的にダイ
バーシティマネジメントを実施するにあたり，どのような側面で差異が起きた
かを整理した結果，「実施対象」，「実施環境」，「実施内容」という側面での相
違が発見できた．どのような差異があるかは詳しく見てみよう．

1）実施対象：性的マイノリティ当事者に特化しているか

　本章で分析した6社において，性的マイノリティ当事者を対象とするダイ
バーシティマネジメントの実施において，対象が明確に決まっているかは両者
の間での差異として発見できた．例として，A社の面接のレインボーフラッ
グ，B社の同性パートナーシップ制度やC社の同性パートナーの子どもへの
取り組みは，すべて明確に性的マイノリティを対象としたものである．一方，
D，E，F社は性的マイノリティ当事者の可視化の難しさにより，性的マイノ
リティ当事者のニーズを把握することができず，実施する対象に適した内容を
産出することが難しかった．また，取り組みを効果的に行っている企業は，ダ
イバーシティマネジメントの対象となる多くのマイノリティに対し，特化した
取り組みを行うようにしている．「性的マイノリティ当事者に対するダイバー
シティマネジメントは他のマイノリティ当事者と兼用できる」といった前提で

考えず，性的マイノリティ当事者のみ利用可能なものを作ろうとしている．それに対し，効果的に取り組みが行えていない企業は多くのマイノリティが同時に利用可能な取り組みやすべての従業員が使える制度を追求する傾向があるため，性的マイノリティに特化する内容を考えられない結果となる．

2）実施環境：当事者は問題抱えていることを察知しているか

6社の比較をした結果，取り組みの実施環境が大きく異なっていると明らかになった．面接時の問題に気づいたＡ社，勤務効率に着目したＢ社，ワークライフバランスを重視したＣ社，この3社はすべて性的マイノリティ当事者が勤務する際に問題を抱えていると察知できている．また，企業内は当事者が抱えている問題を解決する必要がある企業環境になっており，問題を迅速に対応しなければならないという意識が担当者にもある．性的マイノリティ当事者を対象とするダイバーシティマネジメントを効果的に行っている企業にとって，性的マイノリティ当事者は貴重な資源であると担当者は認識している．一方，Ｄ，Ｅ，Ｆ社は当事者が問題を抱えていることを十分に把握できていないことが明らかになった．例として，Ｅ社の担当者はＥ社の中に当事者がいると聞いたことがないことや，Ｆ社の中では当事者の認識が少ない上，いるとしても勤務に対する問題はないとＦ社の担当者は考えることが挙げられる．性的マイノリティ当事者が勤務する際に，多くの側面で問題点を抱えているという認識がなければ，適切な取り組みは実施されない．性的マイノリティ当事者がいるか否かではなく，当事者が抱えている問題は必ず存在すると考え，解決しようとする心構えがあるか否かは実施の要となる．担当者の認識が十分であるかどうかによって，実施する環境が大きく左右されるため，担当者の選別や教育も重要な一環になるのだろう．

3）実施内容：適切な取り組みを把握しているか

効果的に取り組みを実施している企業と効果的に行えていない企業の比較を通して，実施内容に関する差異が最も大きな特徴だと考えている．A，B，C社は「同性パートナーシップ制度」，「誰でもトイレ」，「eラーニング研修」などを通して，実施効果が得られている．また，担当者の中に性的マイノリティ当事者がおり，ニーズを正確に特定し，相応しい実施内容が考案できる．さらに，企業内の取り組みのみならず，性的マイノリティ当事者をターゲットとしたマーケティング活動を行った企業もあったため，組織外の取り組みまで考えられている．一方，D，E，F社は取り組みを実施する適切な内容が見つからず，取り組みを考えるのにかなりの労力が費やされている．取り組みの内容としてどのようなものが適切なのかは，参考になる取り組みも担当者の身近になかった．また，適切に実施する内容に関しては，性的マイノリティ当事者の非可視化による阻害のほか，当事者自身が取り組みを拒んでいることが発見した．D社は社外で行われたレインボーパレードにブースを出そうと考えた際，当事者である友人が取り組みに対する嫌悪の態度を示し，当事者自身が性的マイノリティの取り組みと関わりたくないとD社の担当者が語った．ごく一部の当事者の取り組みを拒むような態度により，本来効果的な取り組みを実施することに至らず，適切な取り組みを作り出すことがより難しくなったと示唆される．今後企業で行う取り組みの内容は，内容の妥当性を重要視すると同時に，当事者の立場に立ち，取り組みに参加できるかどうかも考慮する必要がある．当事者から支持を得ることは，性的マイノリティ当事者を対象とするダイバーシティマネジメントのポイントとなる．

6．日本企業における実践的な示唆

日本企業が性的マイノリティ当事者をダイバーシティマネジメント対象とす

る際の，実践的応用の提案及び学術モデルの修正を行うため，企業の実際の現場における応用可能なものを考えてみた．その結果，「外部との協力」と「カミングアウトの再考」に分けて説明する.

6.1.「外部との協力」

　企業外部の協力が得られるかは，日本企業のダイバーシティマネジメントの実施に大きな影響を及ぼす要素として考えられる．効果的に取り組みを行えている企業はステークホルダーとの連携が共通の取り組みとして発見でき，ステークホルダーのような外部との協力は重要な側面である．D社の担当者が語ったように，性的マイノリティ当事者に対して，取り組みを行う際に法律という大きな障壁にぶつかる．国で定められている法律と衝突が起きた際，既存の法律に従うことになり，企業での取り組みが制限される．それにより，企業でできる取り組みの内容が減り，性的マイノリティ当事者の悩みを改善する見込みがあったとしても，実施できない可能性が存在する．既存の法律範囲内での取り組み実施ができるよう，法律改善の推進が不可欠である．企業内での取り組みが社会の広範囲で影響を及ぼし，当事者の権利を守る法律ができるよう，行政との連携が必要になる.

　また，E社とF社の担当者の語りによると，性的マイノリティ当事者は職場という生活場面のほか，学校や家庭などのような生活場面での問題にも臨んでいることが分かった．ほとんどの大学生は高校時代ないし大学入学後も，性的マイノリティに関する教育を受けられない［小畑ほか 2022］ため，当事者への差別的言動をするリスクが存在する．実際，性的マイノリティ当事者が家族に自己開示であるカミングアウトをすることは，非当事者が考えるほど容易ではないことを第6章にて説明するが，家族との葛藤も当事者に大きな影響を与えている．そうした中，C社は当事者が直面する家庭問題を改善し，企業以外の生活場面での悩みが勤務する企業を通して解決した．今後，関連会社，行政

70

などといった外部との協力は，ダイバーシティマネジメントを効果的に実施できる方法につながると期待できる．

6.2.「カミングアウトの再考」

　対象となる従業員は実施内容がメリットとして捉えられることは効果的にダイバーシティマネジメントの実施を行える理由として考えられる．性的マイノリティ当事者に置き換えると，実施環境と内容は自分に有利だと感じた場合，当事者自身によるカミングアウトをしやすくなると予想される．しかし，企業内でのカミングアウトを行う主体である性的マイノリティ当事者の立場で考えると，カミングアウトの是非を再考する必要が生じる．カミングアウトはただ単に一人だけの行動ではないと含意し，すべての当事者のために自分を率先して，カミングアウトをする必要はあるかがポイントとなる．企業内でカミングアウトすることを比較的ネガティブに捉える傾向があるため，カミングアウトのメリットよりカミングアウトした後のデメリットが大きいと当事者は考える．確かに，当事者はカミングアウトした後，仕事の生産性が向上するが，入社する前には，学校の友人にカミングアウトできたのに，入社後はカミングアウトできていない人が多いとＢ社の担当者は語った．

　しかし，当事者がカミングアウトしない場合，当事者は社内に存在しないと認識されてしまい，取り組みの内容作りも難航する．カミングアウトにおいて，当事者に求めるのではなく，自己開示したい時期，したい相手にできる環境を整えることを優先すべきだと提案したい．日本企業は性的マイノリティ当事者を対象とするダイバーシティマネジメントを実施する際に，当事者が必ずいる前提で考えることも重要である．当事者を特定し，ヒアリング等の手段によりニーズを満たした取り組みの実施が望ましいが，現在の日本企業の場合，非常に困難だと考えられる．従って，ダイバーシティマネジメントの担当者は社内に当事者が必ず存在するという認知を持ち，すでに他社で効果的に行われてい

る取り組みを実践してみることを提案する．日本企業は，ダイバーシティマネジメント内容を考えるためにカミングアウトの協力を当事者に求める代わりに，社内の非当事者を巻き込み，カミングアウトしてもデメリットがないと当事者に感じてもらえる工夫をすべきである．それにより，カミングアウトそのものは困難且つ危険なことではなく，メリットをもたらす行為だと当事者が思うようになれば，今後のダイバーシティマネジメントの実施はよりしやすくなると期待できる．

小　　　括

　本章は，性的マイノリティを対象とするダイバーシティマネジメントの実施において，効果的に取り組みを行っている日本企業と効果的に行えていない日本企業の比較を通して，組織的要因の検討を行った．その結果，「採用，人材確保に特化した取り組み」，「当事者のパフォーマンスを重視した取り組み」，「当事者の日常生活をフォローした取り組み」といった効果的に性的マイノリティの取り組みを実施した日本企業の特徴が発見できた．また，「徹底した支援宣言」，「自主的に行われた教育」，「他のステークホルダーとの協力」が実施できる共通原因として挙げられた．一方，効果的に行えていない日本企業には「対象者のバランスへのこだわり」，「適切な方法の特定困難」，「業績と従業員の絶対的平等」といった難点特徴が明らかになった．実施できない共通原因として，「社会的評価基準の不備」，「一律な実施の難しさ」，「当事者の特定困難」が発見できた．両者には性的マイノリティ当事者をダイバーシティマネジメントの対象とする際の，「実施対象」，「実施環境」，「実施内容」といった三つの側面での差異も見られた．今後，日本企業は「外部との協力」を重要視し，「カミングアウトの再考」を行うことを実践的知見として提案する．本書が目的とするモデル修正において，本章で得られた結果を「組織的要因」及び「個人的要

因」に分け，第7章にて，詳しく説明する．

注

1）SCAT は，名古屋大学大谷尚教授が提案した分析方法であり，Steps for Coding and Theorization の頭文字をとり，組み合わせた用語となる．SCAT 分析方法は，小規模の研究対象でも，深く一つ一つ語られた語句を分析するため，数の少ない研究対象には相応しい分析方法である．

2）従業員の生産性は，純売上高／従業員人数とする．

3）2020年6月1日より，本取り組みが実施されはじめた（https：//news.kddi.com/kddi/corporate/newsrelease/2020/06/01/4466.html，2023年10月13日閲覧）．

4）英語でフォビアは恐怖症の意味であり，佐藤［2019］の研究において，LGBT そのもの，もしくは周りの友人に対する恐怖度を表す数値である．高いほど，恐怖だと感じる度合いも高い．

5）ステークホルダーは，日本語の利害関係者である．企業がある目的を達成する際，影響を与える，もしくは与えられる個人，グループである［田尾 2012］．株主，サプライヤー，政府機関，従業員，消費者などが例として挙げられる．本章では，商売をするに当たっての利害関係者は内部の者だけではなく，普段の協力相手，政府機関，もしくはオフィスのビルを管理する会社なども含む．

6）学術モデルにおいて，「組織的要因」及び「個人的要因」において修正も行ったが，修正結果は第7章にて詳しく述べる．

第4章

ダブルマイノリティ当事者に隠された真相

は じ め に

　1980年代以降のダイバーシティマネジメントは，「みんな同じであることが素晴らしい」から「一人ひとりが特別であり，その特殊性が素晴らしさの源泉である」という方向にシフトする．同時に，ダイバーシティの定義は変化し，個人が持つ属性のあらゆる次元を統合して，より多様の次元へと進化している［名古 2020］．だが，ダイバーシティマネジメントの対象の持つダイバーシティの意味を誤解している人が多い［谷口 2008］と指摘されている．今までの章で何度も言及したように，多様性には表層的多様性と深層的多様性の2種類があり，目に見える違いを表層的多様性，目に見えない違いを深層的多様性と Harrison et al. ［1998］は定義した．日本でのダイバーシティマネジメントは，男女雇用機会均等法から始まったが，性別といった表層的多様性に偏る傾向が見られる．また，日本企業のダイバーシティに関する研究は，一つのダイバーシティの側面を取り上げるものが多い．しかし，所得の違い，社会的地位，国籍，性格など，深層的多様性での差異も考えられ，一人の人間は多くの異なる多様性を持ち，複数のマイノリティを有することが予想される．例として，難聴という一種の障害を持って生まれ，自分の性的指向が同性であることに気づき，20歳に性転換手術を受けた複数の多様性を持つ当事者が挙げられる［及川 2019］．また，北海道ではアイヌという少数民族として生まれた女性たちは，差別待遇

や貧困，DV などに同時に直面することが多く，このような二つのダイバーシティを同時に持ち，比較的差別されやすく，他人から非難されやすい社会集団に属する人々が「ダブルマイノリティ」と定義された［平田 2018］.

　だが，一人の人間は複数のダイバーシティ側面におけるマイノリティを有することが考えられるものの，複数のマイノリティを持つ従業員の存在がほとんど浸透されていない．また，「多様性の背後の共通するもの」が存在する［佐藤 2017］ため，日本企業はダイバーシティマネジメントを行う際，対象となる従業員を更なる広い視野で考えるべきである．現在，日本企業は一つのマイノリティを持つ従業員に対するダイバーシティマネジメントを実施することは多いが，複数のマイノリティ側面を有する労働者に焦点を当てることができれば，多様な人材が持つ多様な価値観の統合やかつてない斬新な取り組みが生まれる可能性がある．また，序章で言及したダイバーシティイニシアティブの実行プロセスモデル［Agars & Kottke 2002］の「個人的要因」は，「問題特定のステージ」にないことから考えると，「個人的要因」への検討が不十分だと示唆される．従って，二つ以上のマイノリティ側面を持つ当事者への研究を用いることにより，今まで隠されてきた要因の発見が可能になり，真の要因に近づくことも考えられる．本章にてダイバーシティマネジメントを進めるにあたって，複数のマイノリティを持つ従業員に対するダイバーシティマネジメントの実践的提案と，日本型ダイバーシティマネジメントモデルにおける個人的要因の修正を行う.

1. 複数のマイノリティを持つ当事者が抱えている問題点とは何か

　企業における多様な人材として，女性，障害者，専門職，高齢者などが挙げられる．このような多様な人材を対象とした研究は多い一方，性的マイノリティ当事者を対象とする研究は比較的少ない現状がある［奥林・平野 2014］.性的マ

イノリティ当事者に焦点を当て，実際に勤務する際の問題点を特定することで，ダイバーシティマネジメントの促進につながる．だが，単なる性的マイノリティ当事者を研究対象とするだけでは，性的マイノリティ当事者のダイバーシティマネジメントに「深層的な示唆」を得にくいと考えられる．性的マイノリティ当事者が持つ他のマイノリティ側面を同時に取り上げることができれば，今まで隠されていた真実が浮上する．一人の人間は複数のダイバーシティの次元を持つ［谷口 2005］ため，今後日本企業もダイバーシティマネジメントを考える際，複数のダイバーシティを持つ従業員に対する取り組みを視野に入れるべきではないかと思われる．複数のマイノリティ当事者は，一つのマイノリティ側面で問題を感じた際に，他のマイノリティ側面からの影響もあり，より深刻な問題になることが考えられる．一方，他のマイノリティ側面で緩和されることも考えられる．従って，性的マイノリティ及びもう一つのマイノリティ側面を持つ性的マイノリティ当事者に焦点を当て，日本企業で勤務する際に直面する問題点及び問題解決プロセスを明らかにする．そして，個人側におけるダイバーシティマネジメントに関する新たな知見を見出す．

2．本章におけるダブルマイノリティとは

　マイノリティの種類は数多くあるが，本章は日本企業における性的マイノリティと外国籍といった多様性を同時に持つ当事者に焦点を当てることにした．性的マイノリティ当事者の代表として LGBT はよく挙げられ，以前の日本社会に比べて，LGBT に対する世間一般の認識が広がったように思われる．しかし，未だに LGBT という単語は知っているが，具体的にそれぞれどのように異なるかは分からない人が多い．もしくは，LGBT 当事者が勤務中にどのような悩みを抱えているかは分からず，勤務による問題があると想定されていない．一方，日本で働く外国人労働者数は2022年度過去最高を更新し，182万2725人

となった[厚生労働省 2023]．増える外国人労働者を受け入れる体制が十分に整っておらず，「日本人の暮らしに負担を与える」，「日本人の働く場所が奪われてしまう」という反対意見が見られる［李 2022］．性的マイノリティ当事者も外国人労働者も偏見や嫌悪感を持たれていると分かる．一つのマイノリティ側面だけでも多くの困難に直面していると分かるが，日本社会において二つのマイノリティ側面を同時に有する「ダブルマイノリティ」当事者は，更なる深刻な状況に陥っていると考えられる．従って，日本の労働事情を踏まえ，性的マイノリティと外国籍という二つのマイノリティ側面を持つ労働者の就職活動を含めて分析することで，新たな知見が現れると期待できる．本章では，本書の対象である性的マイノリティ当事者に外国籍というマイノリティを追加し，今まで焦点が当てられていない日本社会のマイノリティである「ダブルマイノリティ」を対象とする．

3．ダブルマイノリティの働き方

　日本で勤務する外国人労働者の中に，当然性的マイノリティ当事者もいると考えられる．従業員の海外出張などの業務を考える際，そのような当事者のことにも留意しなければならないと手島ほか［2021］は指摘した．日本社会において国籍，宗教，障害面など，ほかのマイノリティを持つ複数のマイノリティ側面を持つ当事者に注目する必要がある．上述したように本章は性的マイノリティと外国籍といった二つのマイノリティ側面を持つ当事者に焦点を当てた．性的マイノリティと外国籍といった二つのマイノリティを同時に有する労働者は，ダイバーシティマネジメントの対象として数多くの問題に直面していると考えられるものの，企業はどちらか一つのマイノリティ側面だけに焦点を当て，ダイバーシティマネジメントを実施する．従って，性的マイノリティと外国籍といった二つのマイノリティ側面を同時に持つ従業員を対象とし，日本企業で

直面する問題点を明らかにする.

　また，経営学の観点を用いて，「ダブルマイノリティ当事者」の実態を解明することは，日本企業が実施する性的マイノリティのダイバーシティマネジメントに非常に重要な意義を持つ．性的マイノリティ当事者に対して，能力を発揮できる人材としての育成や，個性や多様な能力を発揮できる環境の整備など実現できる［河嶋 2020］．だが，ダイバーシティマネジメントに「ジェンダー」による労働者のステレオタイプがあり，差別が生じた要因［開本 2019］として考えられる．同じく，外国籍労働者に関するダイバーシティマネジメントも難航している．例えば，外国籍労働者になる留学生は異なる文化的背景を持つため，社会人として日本社会でどのような役割を果たすべきかについて，日本人と異なる考えを持っている可能性があり［小川ほか 2018］，ダイバーシティマネジメントの実施困難要因として考えられる．従って，ダブルマイノリティ当事者を対象とする際に，ダイバーシティマネジメントの実施困難にどのような要因があるかを特定する必要がある.

　また，外国籍労働者になる留学生の異文化意識形成のプロセス［鄭・永岡 2022］では，「組織への適応能力」や「問題発見解決能力」などが構成要素として述べられたが，日本企業で勤務する問題解決プロセスが検討されていない．1990年代以降インターネットの普及により，急速なグローバル化が進み，労働資源である人的資源も多様化している［森永 2018］．それにより，多様性に富み，変化をチャンスと捉えられる組織こそ，イノベーションを起こすことができるのではないかと示唆される．しかし，日本企業ではダイバーシティマネジメントを効果的に実施するためのプロセスが見つかっておらず，ダブルマイノリティ当事者に関するものはさらに少ない．従って，性的マイノリティに外国籍というもう一つのマイノリティを追加したダブルマイノリティ当事者は職場でどのようなプロセスを経て，問題を解決するかを明らかにし，ダイバーシティマネジメントモデルの修正箇所を見つける．以下の研究課題を本章で検討する.

研究課題1：ダブルマイノリティ当事者は日本企業での勤務において，どのような問題に直面するか．

研究課題2：ダイバーシティマネジメントの実施困難において，ダブルマイノリティ当事者による要因はどのようなものがあるか．

研究課題3：ダブルマイノリティ当事者は日本での就職活動や日本企業で働く際に，どのようなプロセスで問題を解決しているか．

４．M-GTA を用いたダブルマイノリティ当事者への調査

　本章で使用する研究方法について簡潔に説明する．本章は木下 [2007] が提案した修正版グラウンデッド・セオリー・アプローチ [M-GTA] を採択し，データの分析を行った．M-GTA は，研究者の問題意識に基づいてデータを分析し，データに反映されている人間の行動や意識，それらを構成する要因や条件を丁寧に分析することを重視する方法である．本章では，ダブルマイノリティ（性的マイノリティと外国籍）当事者が日本での就職・転職活動において直面している困難に着目した．ダブルマイノリティ当事者が抱える困難と問題解決プロセスを明らかにすることにより，ダブルマイノリティ当事者にしか見られない違いの解明を図る．今後，ダブルマイノリティ当事者が抱える真の問題解決につながり，日本企業にポジティブ効果をもたらすと予想できる．また，二つのマイノリティ側面を持つ従業員に焦点を当てることで，日本企業の効果的なダイバーシティマネジメントの実施において，個人的要因及びプロセスの修正を鑑みる．従って，共通難点及びプロセスを明らかにするため，本章は M-GTA という質的分析手法を採用した．

　本章の研究対象者は，日本で働いている（働いていた）外国籍労働者且つ性的マイノリティ LGBT に該当すると自認している．研究対象者全員はダブルマイノリティ当事者のほか，日本国籍を持たないという属性も持つ．2021年6月

表4-1　研究対象者の基本情報（インタビュー実施時）

No.	名前	年齢	性的指向	勤務年数	国籍	恋人の有無
1	I1	20代	Gay	4年	中国	無し
2	I2	20代	Lesbian	1年	中国	有り
3	I3	20代	Gay	4年	中国	無し
4	I4	30代	Gay	1.5年	中国	有り
5	I5	20代	Gay	2年	中国	有り
6	I6	20代	Gay	1年	中国	無し
7	I7	20代	Gay	1.5年	韓国	有り
8	I8	20代	Gay	2年	中国	無し
9	I9	20代	Gay	3年	中国	無し
10	I10	30代	Bisexual	4.5年	中国	有り
11	I11	30代	Gay	1年	中国	無し
12	I12	20代	Gay	4.5年	中国	無し

（注）名前は特定できないよう，任意に番号で表している．
（出所）筆者作成．

から2021年8月にかけて，計12名の研究対象者に対して，本人の同意のもと，対面またはオンラインでのインタビューを実施した．インタビューは録音され，データはM-GTAを用いて分析した．研究対象者の年齢や性的指向などの基本情報は，表4-1に示す通りである．極めてプライベートな情報であるため，特定されないように仮名や年齢層を使用した．

5．見つかった困難及びその解決プロセス

　合計12名の研究対象者にインタビューし，M-GTAという方法を用いて，すべての録音データを文字化した．また，文字化した生データを整理した結果，36個の生データのかたまりにまとめることができた．さらに，36種類のかたまりを整理し，12種類の概念を生成することができた．12種類の概念を分類し，最終的に，ダブルマイノリティ当事者が日本企業で直面する問題及び実施困難

80

要因を4種類のカテゴリーに分けた．それらの結果に基づき，ダブルマイノリティ当事者が就職活動から転職活動までに直面する問題を再考し，問題解決するプロセスを作成した．研究課題1～研究課題3において，それぞれの研究結果を詳しく説明する．

5.1. ダブルマイノリティが直面する問題

研究課題1「ダブルマイノリティ当事者は日本企業での勤務において，どのような問題に直面するか」において，「職場における問題解決基準の揺れ」と「ワークライフバランスの維持困難」といった二つのカテゴリーが発見できた．

1）職場における問題解決基準の揺れ

「職場における問題解決基準の揺れ」という問題に構成する概念は三つ存在する．C1[1]「内と外」に基づく仲間意識の作用，C2日本国籍労働者とのコミュニケーション，C3セクシュアリティ絡みの質問に対する拒絶反応といった概念である．いくつかダブルマイノリティ当事者が職場で直面する問題を見つけたが，その問題を解決する基準は定かではないことも明らかになった．ダブルマイノリティ当事者は複数のマイノリティ側面を有するため，問題の種類により，解決基準が変わりやすいため，他の労働者より問題に悩まされる期間が長く，心理的負担はより大きいと考えられる．具体的な例として，当事者は問題に直面した際，相手が仲間であるかどうかを判断する意識が変化する，問題をなるべく避ける，質問された際に嫌悪的な態度を示すなどの方法を利用し，問題解決を行うため，解決方法の基準が変化していることが分かる．結果で得られた各概念の事例を用いて基準の揺れを説明する．

（1）C1「内と外」に基づく仲間意識の作用

日本特有の文化の一つとして「内と外」といった概念はよく知られているが，

第4章　ダブルマイノリティ当事者に隠された真相　*81*

実際にダブルマイノリティ当事者も，職場で起きた問題を「内と外」に分け，問題解決に適切な方法を探すことが明らかになった．外国籍という側面で，「異国の地で母国の祝日を過ごした時は孤独だ」といった発言から，「自分」たちは外から来たものだと認識している．そのような考えのもと，職場で一緒に勤務する日本国籍の労働者は，「外」という存在になり，「外」の人との付き合い上で起きた問題の解決方法を探す．また，性的マイノリティという側面では，「信頼できる仲」という線引きがあり，長い期間の付き合いを通して，「頼れる相手である」もしくは，カミングアウトしても疎遠されないと判断した際に，当事者は「内」という概念の影響により，自己開示し相手を「内」側に招く．研究対象であるダブルマイノリティ当事者は外国籍というマイノリティ側面を持つ自分たちがカミングアウトするか，聞かれた際に性的指向を公開するかなど自己開示する基準は，「内と外」という概念は大きく影響する．従って，複数のマイノリティの側面を持つダブルマイノリティ当事者においては，直面する問題の属性や相手の捉え方によって変化し，解決方法は不変なものではないと示唆している．

（2）C2日本国籍労働者とのコミュニケーション

本章の研究対象者は全員日本国籍労働者とのコミュニケーションについて言及しており，日本国籍労働者とのコミュニケーションが難航していると述べていた．実際，職場における日本人と中国人とのコミュニケーションは，言語問題及び意識差異による非言語問題がコミュニケーション問題を起こすと楠本[2018]は明らかにした．本章の研究対象者は文化的な違いにより，効果的なコミュニケーションの取り方が分からず，仲よくなったかどうかの判断基準が曖昧である．例として，家でパーティーしたことがあり，定期的に遊びにいったことがあるにもかかわらず，「仲がいい」と言い切れないと述べた研究対象がいた．仮に積極的にコミュニケーションを取りたいと考えても，日本語は母語

ではないため，更なる深いコミュニケーションを諦めざるを得なかったと語った当事者もいた．普段関わっている日本国籍労働者とコミュニケーションを取りにくい上，職場に日本国籍の LGBT 当事者がいる場合，性的マイノリティということで日本国籍の LGBT 当事者との関わり方がさらに難しくなると予想される．日本企業の「特殊」な人との付き合い方により，ダブルマイノリティ当事者は日本国籍労働者とのコミュニケーションが如何に取れるかを考えるより，最初からコミュニケーションをやめることが多い．性的マイノリティ同士だとしても，問題が起きないように「性的マイノリティ」の日本国籍労働者とのコミュニケーションを放棄するケースがあった．

（3）C3 セクシュアリティ絡みの質問に対する拒絶反応

　ダブルマイノリティ当事者は，職場でセクシュアリティ絡みの質問を滅多にされないことが明らかになった．実際，研究対象者の中，そのような質問をされて，「少し困る」と答える当事者はたった 1 人だけだった．その方はそれで鬱になったり，仕事に支障をきたしたりすることはないと回答した．ほとんどのダブルマイノリティ当事者はセクシュアリティ絡みの質問をなるべく避けるようにしており，職場で恋人関係や家庭についての質問をされた場合，架空の彼女を作ったり，恋人がいないと言ったりすることでダブルマイノリティ当事者が考えた対応方法を用いて解決する．また，外国籍というマイノリティ側面が大きく作用する．そのような質問に「拒絶反応」を示すことにより，プライベートに関係するような質問を職場でされることは少なくなり，後々されなくなる．大坪 [2020] は，性的マイノリティの非可視化により，非当事者が「誰が当事者なのかが分からない」という理由で性的マイノリティへの「配慮」が欠けていると述べた．カミングアウトすることにより，性的マイノリティ当事者を可視化することは可能だが，性的マイノリティ当事者に配慮が足りない職場では，LGBT 当事者によるカミングアウトはネガティブ影響を及ぼすと想像

できる．そして，もう一つのマイノリティ側面である外国籍を持つダブルマイ
ノリティ当事者にとって，カミングアウトはさらに困難に感じるのではないか
と思われる．ダブルマイノリティ当事者はセクシュアリティ絡みの質問をされ
た時に，そのような質問を早く終わらせ，そのような質問に対する拒絶反応を
示す傾向がある．ダブルマイノリティ当事者自身は問題を避ける方法になるが，
ダイバーシティマネジメントの実施には困難をもたらすと考えられる．

２）ワークライフバランスの維持困難

　職場で直面する問題として，生活環境に関係するものが発見できた．社会を
構成する要素である日本企業は，ダブルマイノリティ当事者の勤務にあたり，
多くの外部影響を与えている．ダブルマイノリティ当事者は職場と外部生活環
境と合わさった際，直面する問題が存在する．それにより，ダブルマイノリティ
当事者のワークライフバランスを維持することは困難だと考えられる．「ワー
クライフバランスの維持困難」という問題も三つの概念で構成されており，Ｃ
４当事者の家庭と当事者の葛藤，Ｃ５話せる言語による待遇差異，Ｃ６職場の
外部環境が引き起こす負の影響である．この三つの概念において，当事者はど
のような職場生活の問題を抱えているかを詳しく述べる．

（1）Ｃ４当事者の家庭と当事者の葛藤

　ダブルマイノリティ当事者は出身国の文化背景や家庭内教育による影響が著
しい結果となった．Wei & Liu［2019］は，中国のLGBT学生にアンケートを
行い，多くの人が学校ではカミングアウトしているにもかかわらず，家族，兄
弟など身近な人にカミングアウトしていないということを明らかにした．同様，
日本企業で，ダブルマイノリティ当事者はライフスタイルをほとんど聞かれな
いが，職場の同僚は異文化を理解する方法として，家庭内事情，婚期に関して
質問をする可能性がある．だが，家族に自分の性的指向もしくは性自認を開示

できないことにより，そのような質問は当事者に非常に大きなプレッシャーを
与える．文化的背景の差異により，婚期について聞かれる際に，「一人っ子」
という制約条件が中国国籍の当事者には大きいと窺える．家業を継ぐ，もしく
は子孫を残すなどといったプレッシャーが一人に集約されることは，家族にカ
ミングアウトできない理由の一つではないかと思われる．本章の研究対象者は
日本という「外国」で仕事を行うため，そのような質問を避けることができる．
だが，出身国の親や親戚になかなか会えない郷愁が起こり，それによるストレ
スを感じるケースが見られる．ストレスが限度を超えてしまう場合，日本での
仕事を諦め，帰国するようになった当事者もいた．このような葛藤は職場で勤
務する際，外部環境がもたらす問題として考えられる．

（2）C 5 話せる言語による待遇差異

実際，本章の研究対象者の日本語レベルにはかなりの差が現れている．日本
語をほとんど話せない人もいれば，日本語が上級レベルの人もいる．また，職
場で使われている言語により，仕事内容，もしくは人間関係に大きな影響を及
ぼし，他の生活場面で問題を起こしている．例えば，日本の職場とはいえ，毎
日中国語しか使用しないというダブルマイノリティ当事者が存在し，日本語を
使う生活場面において，仕事を通して日本語の上達はできていないと述べた．
また，社内公用語は英語である職場生活を送っている協力者もおり，生活に必
須の最低限の日本語の学習が困難だと言及した．言語の制限により，業務が実
行できず，他の業務に変えられたケースもあった．言語という壁は，ダブルマ
イノリティ当事者の仕事面のみならず，生活面にも多くの影響を与えているた
め，ワークライフバランスに大きく支障をきたしている．一方，職場での日本
語教育において，日本語の母語話者によって言語の習得が行われる必要があり，
実際の会話に使えるインターアクション能力を重視する方法は有効であるため
［蒙・中井 2020］，このようなフォローを実施すべきだと考えられる．また，母

語と日本語以外に，第三言語である英語が上手に使用できるかも業務にかなり影響を与えることが発見できた．「外国籍」というマイノリティ側面において，日本語が上手に話せるより，英語が上手に話せる方が職場で重宝され，より高いレベルの仕事に携わる機会が増えると当事者は語っていた．「外国籍」のダブルマイノリティ当事者に求められる言語能力は日本語ではなく，第三言語である英語能力であり，勤務以外の時間を利用し第三言語の学習というタスクが課される可能性が大きくなり，ワークライフバランスの維持がさらに難しくなる．

（3）C6職場の外部環境が引き起こす負の影響

　勤務する前の段階である就職活動もしくは転職活動の際に，東京または大阪に住んでいない場合，移動距離という物理的制約を受け，学業と就職との両立が難しくなり，就職あるいは転職活動に専念することが難しいことが発見できた．また，外国籍労働者に関する職場で直面する問題を分析するにあたり，よく取り上げられるような住居問題も存在する．マスメディアの報道により，特定の国や地域に対する認識はある程度影響を受けていると当事者は語っていた．新聞やニュースなどで流れる報道内容に影響され，外国籍労働者に対するマイナスイメージが生じ，賃貸に関して影響することが考えられる．しかし，今回の研究対象者においては，会社が寮を準備する，または社宅に安く入居できるといった事前準備がしっかりなされている．住む場所は確保されているため，賃貸にまつわる問題は言及されなかった．さらに，長すぎる就職活動の周期に慣れずプロセスで挫折していることが発見できた．就職もしくは転職活動の際，すべての日本企業が「外国人歓迎」というわけではなく，国籍だけで断られることもあったと当事者は語っていた．上述したマスメディアの報道により，自分のマイノリティの側面が揶揄され，そのような問題を解決するのが比較的困難だと述べられた．例として，日本国内で中国に関する報道は良いものが少な

く，国籍だけで非難された当事者もいた．清水ほか［2019］は，異文化融合に対するマスメディアの影響に関して授業形式で分析を行った結果，ポジティブな影響があると同時に，「他国へのステレオタイプ」も形成される可能性があると懸念している．ダブルマイノリティ当事者は職場の外部環境がもたらすネガティブ効果の影響により，直面する問題がより複雑化していると示唆される．

5.2. ダブルマイノリティによる実施困難の要因

研究課題２「ダイバーシティマネジメントの実施困難において，ダブルマイノリティ当事者による要因はどのようなものがあるか」において，「ダブルマイノリティの特質」と「問題解決の優先順位」といった二つの要因が得られた．

１）ダブルマイノリティの特質

「ダブルマイノリティの特質」を構成する概念は三つ存在する．Ｃ７「外国人」というラベルの両面性，Ｃ８新型コロナウィルスが与える影響，Ｃ９今後のキャリアの構築である．外国籍と性的マイノリティといった二つのマイノリティを持つ当事者は，職場でのダイバーシティマネジメントに困難をもたらすと同時に，ダブルマイノリティ当事者にしか見られない解決方法が発見できた．各概念について，事例を用いて詳しく説明する．

（1）Ｃ７「外国人」というラベルの両面性

ダブルマイノリティ当事者は「外国籍」という側面により，日本国籍労働者が主にいる職場で「外国籍労働者」として認識される．外国人を多く採用する職場で，日本人従業員の人間関係の種類は４種類に分けられる［五十嵐 2000］．その中，「違和感の増幅型」と「個人主義型」という外国籍労働者に対する態度が否定的な種類が二つある．この種類の日本国籍従業員は，外国人に対するステレオタイプが著しく，または，外国人と一緒に働く分には問題ないが，プ

ライベート上での付き合いを積極的に行わない．それにより，就職する業界の選択とキャリア構築が難しいこと，外国人に対する偏見などといったネガティブな出来事が見られた．ダブルマイノリティ当事者は，もう一つのマイノリティ側面を有しているため，このようなネガティブな出来事に直面した場合，真正面から向き合うような当事者はほとんどいなかった．しかし，「外国人」であることを日本国籍従業員に伝えることにより，日本人 LGBT 当事者がなかなか断れない誘いを断ることができ，日本人の同僚とのコミュニケーションをやめることで，自分が困りそうな質問を避けられる．ダブルマイノリティ当事者にとって，「外国人」というラベルによる影響は必ずしもマイナスのものではなく，プラス方向に持っていくというポジティブな影響も見られた．

（2）C8 新型コロナウィルスが与える影響

　2020年，世の中に波紋を呼んだ新型コロナウィルスがダブルマイノリティ当事者にも大きな影響を及ぼした．Bapuji et al.［2020］は，新型コロナウィルス後，職場において欠勤の増加，生活の重心の変化や離職など，職場において負の影響が見られたと指摘したが，本章の研究結果の中にも負の影響が現れた．例として，在宅ワークが多く，職場の同僚などと直接に会うことができず，業務の習得に影響を感じた研究対象者がいた．また，「外食をなるべく控えてほしい」と会社や政府からの要請があり，本来行われるはずの歓迎会や同期会のようなものが開催されず，仲を深めるイベントの経験ができなくなった．それにより，日本人の同僚とのコミュニケーションが減り，孤立した環境に陥ったと残念に思う当事者がいた．しかし，ネガティブな影響の他に，ダブルマイノリティ当事者にとってポジティブなものも今回の調査にて発見された．新型コロナウィルスの影響により，救われたもしくは喜んでいる当事者がいた．もともと見ず知らずの人とのコミュニケーションが苦手な人は，無理矢理に「意味のない」会話をしなくても済むことになり，飲み会や忘年会のような大人数の

集まりが苦手な当事者からすると，対面で起こり得る問題を回避できたと考えられる．また，「キャバクラに行く」という日本企業の風習から逃れられ，断り方に困っている当事者はこのような悩みを避けられる．さらに，新型コロナウィルスにより，本来出張で来日した当事者が帰国困難になり，日本で勤務することになった研究対象者がいた．

（3）C 9 今後のキャリアの構築

　ダブルマイノリティ当事者が有する二つのマイノリティの側面により，今後構築したいキャリアプランを考える際に，「外国籍」といった側面を考えるほか，「性的マイノリティ」という側面での配慮を行うことがダブルマイノリティの特徴だと言えよう．言語面で上司に嫌な態度を取られた際，もしくは職場でカミングアウトをすべきかと考える際，今後の目指したいキャリアプランに合わせて，問題解決方法を選択する．描いたキャリアプランに，自分が有するマイノリティの部分が邪魔するのであれば，なるべく避けるようにするが，影響がなければ，どのような結果が起きようが，ダブルマイノリティ当事者は全く気にしない態度を取る．本章の結果として，退職後，以前の同僚にカミングアウトする，オンラインミーティングで同僚にカミングアウトするといった出来事の背後に，目指すキャリアの構築にネガティブな要素を省こうとすることが見られる．時と場合によって，日本文化にある「同調」に馴染み，「異質」だと捉えられる部分を見せないようにする当事者がいた．同時に，性的指向を伝える際も，「アウティング」による悩みを避けるため，自分からカミングアウトを選択したという当事者もいた．ダブルマイノリティ当事者の今後のキャリア構築には，複雑かつ多数の困難が存在するため，当事者はより多くの側面のバランスを配慮し，企業で取るべき行動を考える傾向がある．

第4章　ダブルマイノリティ当事者に隠された真相　*89*

2）問題解決の優先順位

　個人として，ダブルマイノリティ当事者は所属する組織にどのようにいるかに対して，新たな知見をまとめてみた．「問題解決の優先順位」は，C10日本で職場経験の捉え方，C11「個人」の取り組み意義，C12所属する職場での在り方といった三つの概念で構成されている．ダブルマイノリティ当事者は所属の組織におけるダイバーシティマネジメントの実施にあたり，問題解決の優先順位が存在するため，ダイバーシティマネジメントの実施に困難をもたらしている．各概念で生じた優先順位を例として，ダイバーシティマネジメントの実施困難の要因について述べる．

（1）C10日本で職場経験の捉え方

　研究対象者の中，日本での職場経験を今後のキャリアに活かせる素材だと考える人が多く，母国に帰国したとしても，日本での仕事経験を今後転職の自己アピールポイントとして捉える．外国人との信頼関係について，日本人は外国人労働者にプライベートのことより仕事のことを相談しやすく，自らが相談するより相談を受ける傾向があると安田 [2009] は明らかにした．それにより，「距離」を取ることは日本の職場の特徴になり，そのような距離はコミュニケーションに支障をきたす反面，プライベートの保護に役立つと考える当事者がいた．また，職場で見たことや聞いたことを自分磨きのために吸収し，ダブルマイノリティ当事者は日本の職場での仕事を優先するという価値観が養われる．そのような価値観が生まれれば，性的指向や国籍など関係なく，仕事をこなすことが最優先項目になり，ダブルマイノリティ当事者は自分が持つマイノリティ側面に目をむけることは少なくなる．日本企業での同僚との関わりは一定「距離」が置かれた状態で持たれているため，ダイバーシティマネジメントの実施に十分な関心を示すことにつながりにくく，実施する困難として考えられる．

（2）C11「個人」の取り組み意義

　性的マイノリティという側面では，当事者がマイノリティ全体の視点でほとんど考えていないことが分かった．性的マイノリティ当事者全員のために職場でカミングアウトをする当事者の割合が非常に少ないのであろう．職場でセクシュアリティ関連のことを「個人の問題」だと考える傾向は，まだ現在の日本企業にあると思われる．現時点で，性的マイノリティ当事者は「個人」という認識を持って職場で勤務することが多く，他の当事者はどのような影響を受けるか，または他の当事者が職場でLGBT絡みの冗談などに直面した場合，止めに入るハードルが非常に高い．ダブルマイノリティ当事者は，「個人」として性的マイノリティ全体のためにダイバーシティマネジメントに参加することは，「極めて効果が少ない」と考える．無論，すべての当事者がそのような考えを持っているとは限らないが，本章の研究対象者の発言の中では，「人それぞれだ」，「考え方も人によって違う」というようなものを多く見られた．また，公共の場で性的マイノリティについて言及する会社をなかなか信用しにくいと述べた当事者がいた．個人での取り組みはマイノリティ全体に及ぼす影響は少なく，標的になる場合も考えられるため，「個人」としても「企業全体」としても，性的マイノリティを対象とするダイバーシティマネジメントの参加には極めてネガティブな態度を示した．個人の問題の優先順位がマイノリティ全体より高いと考えられる．このような認知はダイバーシティマネジメントに実施困難をもたらしていると考えられる．

（3）C12所属する職場での在り方

　性的マイノリティという側面に関する分析になるが，外国籍ダブルマイノリティ当事者は，日本の職場はセクシュアリティ面では比較的居心地の良い職場だと考える傾向がある．性的マイノリティ当事者だとしても，カミングアウトするか否かという選択ができる．日本国籍従業員とのコミュニケーションを取

りにくいという困難は存在するが，実際外国籍人材から見る日本の職場の魅力
として，「良好な人間関係」と「会社の雰囲気」が挙げられる［湯川 2020］．外
国籍人材は日本人とのコミュニケーションを日本人同士ほど取っていないため，
衝突が起きる可能性が少なく，職場環境が比較的良好だと解釈できる．また，
上述した外国人というラベルにより，会社の同僚からのプレッシャーがあまり
感じられないことも理由として挙げられる．さらに，普段表したい性表現が物
理的な性と同一であれば，性的指向もしくは性自認が疑われることもなく，性
的マイノリティという側面においては，不安なく過ごせる．仮に，少し不本意
だとしても，一時的に異性愛者のように装えば，セクシュアリティ絡みの悩み
を全く感じなくなるとも述べられた．しかし，日本国籍の性的マイノリティ当
事者においては，このような職場での在り方は成立しにくい．ダブルマイノリ
ティ当事者はセクシュアリティ絡みの悩みを「外国人」というラベルで緩和で
きるが，日本国籍の性的マイノリティ当事者はできない．また，日本の職場に
おいてトランスジェンダーに対する受容度はまだ低いと解釈できると同時に，
セクシュアリティでの問題は外国籍という側面の問題より深刻だとダブルマイ
ノリティ当事者が捉えていることが明らかになり，複数のマイノリティを問題
解決する優先順位が確認された．

5.3. ダブルマイノリティ当事者の問題解決プロセス

　研究課題 3「ダブルマイノリティ当事者は日本での就職活動や日本企業で働
く際に，どのようなプロセスで問題を解決しているか」において，プロセスの
構成要素を考え，独自の解決プロセスを得ることができた．研究課題 1 及び研
究課題 2 の結果を踏まえて，ダブルマイノリティ当事者は入社する前から転職
する，もしくは帰国するまでの期間において，問題に直面してから問題を解決
するまで，どのようなプロセスを踏んでいるかをまとめてみた．大別して，入
社前［来日前］，入社後，転職後［帰国後］といった三つの期間に分けられた．

しかし，転職後［帰国後］の期間における問題解決のプロセスは最初からのプロセスと一致するため，プロセス図には同じプロセスと表記した．解決プロセスは，

S1：就職活動を開始する

S2：問題が発生する

S3：問題を解決する

S4：入社する

S5：再び問題に直面する

S6：判断基準を決める

S7：解決方法を探す

S8：実行する

S9：仕事を継続する

といった九つのステップで構成されている．上述したステップに従い，入社前［来日前］，入社後，転職後［帰国後］それぞれの期間での具体的なプロセスを述べる．

1)「入社前（来日前）」S1：就職活動を開始する

「入社前（来日前）」という期間に，S1からS3まで三つのステップがある．ダブルマイノリティ当事者は，日本の大学もしくは大学院で勉強し，新卒採用の登用制度に沿って，就職活動を行い，日本の会社に入社する．また，海外の大学で勉強し，海外で仕事をし，日系企業もしくは，日本にある親会社の支社との共同業務により，日本にある本社または日本にある日本支社で働くルートである．どちらのケースでも，開始する段階では，情報収集や所属する企業の人事担当との面談などを通して，当時の自分が日本で仕事をすることが適切かどうかの判断を行う．さらに，来日前に日本について調べる，もしくは他人に

第4章　ダブルマイノリティ当事者に隠された真相　　*93*

聞いてみることが判断の方法として考えられる．そこで，職場の外部環境がダブルマイノリティに影響を与える．外部環境と照らし合わせ，今まで所属していた組織を考慮し，自分が日本の企業で働くべきなのかを考える過程からスタートする．

2）「入社前（来日前）」S2：問題が発生する

上述した過程を経て，日本企業で働きたい，日本の職場を経験したいと決めた場合，勤務開始になる．それに伴い，日本企業で勤務する問題に直面する．そこで発生する問題は外部問題と内部問題に分けられる．外部問題は，ダブルマイノリティ自身の性格や価値観の問題ではなく，恋愛，家庭，人間関係など外部と関係する問題である．このような外部問題は今後どのような人生を歩むかという取捨選択に大きな影響を及ぼす．外部問題のほか，内部問題も存在する．ダブルマイノリティ当事者の内部問題は，単純に性格という一言だけで包摂できるような問題ではなく，成長背景や成長環境などの要素も関与していると思われる．また，マイノリティの側面により，解決しなければならない問題が発生し，外部問題に比べ，改善されにくく，「問題」として認識する期間は長いと考えられる．

3）「入社前（来日前）」S3：問題を解決する

「問題が発生する」というステップを経ると，問題を解決するステップに突入する．解決方法として，当事者の自力と，助けを求めるといった二つの手段が考えられる．このステップで解決する問題は，日本国籍労働者の持つ日本の職場による利害関係問題に比べ，比較的少ないと考えられる．そのため，ダブルマイノリティ当事者は日本で仕事ができるように，より効果的且つ迅速な解決方法を求める．問題が解決されれば，次のプロセスである「入社する」に突入する．もし，問題が解決されなければ，来日をやめる，もしくは日本で仕事

することをやめることになる.

4)「入社後」S4：入社する

「入社後」という期間にS4からS6まで含んでいる. 入社するまでの問題が解決できたダブルマイノリティ当事者は,「入社する」というステップに突入する. このステップでは, 問題に直面する, もしくは悩みを抱えるというより, 新しい環境に馴染んでいくことからのスタートになる. しかし, ダブルマイノリティ当事者は, 入社時から継続的に日本で仕事をするもしくは, 何年間という期間を設定し, その期間のみ日本で仕事をするという二つのパターンが見られた. このプロセスは長い期間を経ず, 入社時から安定して仕事をするまで, 多くのダブルマイノリティ当事者が挫折していないと述べた. しかし, 仕事を行なっていくにあたり, また問題に直面することになる.

5)「入社後」S5：再び問題に直面する

入社する前に直面する問題と同様に, 入社してから直面する問題も外部問題と内部問題に分けられるが, 問題が起きた背後にある本質的な要因は少々異なる. 入社する前の問題はほとんど職場における対人関係を処理する基準に関係していないが, 入社後の直面する問題は対人関係とかなり深い関係があるように思われる. そのような人間関係の問題を含めて, 外部問題と内部問題が発生する. また, 人間関係にまつわる問題は職場か取引先のお客様とのやりとりによる「外部問題」に含まれ. それを解決するにあたる当事者自身の能力不足という「内部問題」も存在する. 多くの問題は勤務中に発生するが, ダブルマイノリティ当事者の特質によるものもあれば, 外部環境との向き合い方を考えなければならないものもある. 一個人として, その時どのように所属する組織にいるかを考え, 次の「判断基準を決める」というステップに進む.

6）「入社後」S6：判断基準を決める

　このプロセスは，入社する前には存在しないプロセスである．入社前もしく
は来日前に，問題に直面してしまう場合，問題そのものを解決できる方法を探
すことになるが，日本企業に入社すると，問題解決方法を探すだけではなく，
解決方法の基準を考えるという傾向がダブルマイノリティ当事者に見られる．
この基準に基づき，解決方法の内容が変わる可能性があり，時には不本意な解
決方法を用いることもある．判断基準はダブルマイノリティ当事者でそれぞれ
異なるが，将来のキャリアを優先する人もいれば，職場での人間関係を優先す
る人もいる．また，仕事の業務を実行するにあたって，その時置かれた環境を
考慮し，自分のポジションを優先する人もいる．

7）「転職後（帰国後）」S7：解決方法を探す

　「転職後（帰国後）」という期間はS7からS9まで含んでいる．上述した判断
基準のもと，ダブルマイノリティ当事者は解決方法を探し始める．問題解決方
法は概ね2種類に大別でき，「正面から問題と向き合う」と「衝突を避ける」
となる．無論，このような解決方法には，「その時の職場の人間関係」，「当事
者自身の性格」，「外部環境との向き合い方」，「組織内でのあり方」といったよ
うな側面での相互作用が影響を与えている．「正面から問題と向き合う」といっ
たカテゴリーの解決方法を選んだダブルマイノリティ当事者は，問題の対立面
とほぼ対等な関係を持ち，問題が改善されなくても，問題解決に伴う衝突を恐
れない傾向がある．一方，「衝突を避ける」というカテゴリーの解決方法は，
じっくりと考えた後に行動に表すものである．「正面から問題と向き合う」も
「衝突を避ける」も解決方法として行った当事者がおり，S6の判断基準は解
決方法の選別に影響を与えることが分かった．また，「衝突を避ける」という
カテゴリーの解決方法に鵜呑みにするという意味合いではなく，「ある程度の
嘘をつく」，「自分の能力をさらに高める」，「無視する」などの手段も確認で

きた.

8）「転職後（帰国後）」S 8 ：実行する

S 7の解決方法をこのプロセスにて実施することになるが，問題が改善されるか，問題が改善されないかという両極端の結果が生まれる．問題が改善されれば，現在の仕事を継続することになり，次のステップに入るが，問題が改善されず残っていれば，当事者が日本を離れ帰国するか，転職活動を始めるか，現在所属する組織から離脱する．例として，営業担当の仕事をしていた時に，所属する会社，自社工場，クライアントといった三つの対立面の間に挟まれ，仕事の調整がかなり大変だと感じたが，業務を重ねて行い，先輩に経験談を聞き，苦しい時期を乗り越えられたと述べた研究対象者がいた．それに対し，職場にいる50歳以上の男性同僚たちの日々の関わり方やその同僚たちの仕事に対する態度に唖然とし，その人たちから離れるために転職した研究対象者がいた.

9）「転職後（帰国後）」S 9 ：仕事を継続する

最後のステップでは，問題が改善された後，所属する組織での仕事を継続することになるが，ここで問題が完全に解決されるわけではなく，また新しい問題に直面し，S 5から始まることも十分に考えられる．また，S 8で問題が改善されず，S 9を経て，帰国もしくは転職活動が始まった当事者もいた．ここで強調しておきたいことは，S 1からやり直し，S 3の段階でS 9に直接に突入する可能性が存在することである．例として，職場の雰囲気に堪えられず，当時の職場から離れようと考え，転職活動を始めたが，転職活動の際に起きた問題をうまく改善できず，結局勤務している会社に残った研究対象者がいた．このようなサイクルも図 4 - 1にて反映している.

図4-1　ダブルマイノリティ当事者問題解決プロセス図
（出所）筆者作成.

6．日本企業における実践的な提案

　上述した研究結果を踏まえて，日本企業で勤務する「個人」の実践的な提案において，「マイノリティ側面の利用」と「キャリアプランの早期形成」を述べる．学術モデルにおいて，問題解決プロセスを用いて，基礎となる認知プロセスに対して修正を行う．学術モデルを修正した結果を第7章にて詳しく述べる．

6.1. マイノリティ側面の利用

　ダブルマイノリティ当事者の話せる言語による待遇差異が存在すると明らかになった．習得言語の種類は職場での待遇に影響を与えていることが想像できる．また，「外国人」というラベルが付くダブルマイノリティ当事者は，セクシュアリティ関連の質問等で困った際，「外国人」というマイノリティ側面が利用できる．従って，性的マイノリティ当事者は，職場で問題に直面する際に，自分が持つ「マイノリティ」を利用し，問題が緩和できると考えられる．実際，マイノリティ文化は，他の文化的規範と混合し，そのような規範を糧としている［Kenny 2004］．マイノリティ文化は，他の文化と相互に補い合うため，マイノリティ間のトレードオフのような働きが考えられる．本章のダブルマイノリ

ティ当事者は，性的マイノリティ以外のマイノリティ側面である「言語障壁」や「文化の違い」などを用いて，問題解決に臨んだが，日本国籍の性的マイノリティ当事者も同じ方法を日本企業で使用することは考えにくい．日本企業において，複数のマイノリティの中の性的マイノリティ側面で問題に直面する際，日本人に比べ，外国籍労働者は信仰や価値観などといった側面でのマイノリティを比較的に利用しやすい．今後，日本企業で勤務するダブルマイノリティ当事者は職場で問題に直面する際，自分が利用できるマイノリティ側面を用いて，問題を緩和することを提案したい．

6.2. キャリアプランの早期形成

ダブルマイノリティ当事者は，職場における問題を解決する基準を決める際に，今後のキャリア形成との関係性が深いことが考えられる．職場の同僚とどのような付き合いをするか，上司との関係性は今後のキャリアに影響を与えるかなどは，職場の問題解決に関係する．また，ダイバーシティマネジメントの実施に当事者として参加する傾向がなかなか見られないのは，「内と外」の概念による一定の影響が考えられる．性的マイノリティ当事者に置き換えると，キャリアプランが早期に形成されていれば，職場での問題解決基準の揺れも減少し，問題を解決する優先順位も比較的明確である．実際，早期離職者にはキャリアビジョンがはっきりと決まっておらず，それに伴う適切なキャリアプランも構築できず，メンタルヘルスに問題が生じ，離職してしまうケースが発見された［室木・宮崎 2020］．早期にキャリアビジョン及びキャリアプランが形成されている場合，適切な助言や相談が可能になり，ダイバーシティマネジメントの推進にも正の影響を与えることが考えられる．従って，ダブルマイノリティ当事者は勤務するにあたり，目指すキャリアプランを早期に形成することを提案したい．

小　括

　本来ダイバーシティマネジメント研究の対象である外国籍労働者，性的マイノリティ当事者にそれぞれ焦点を当てた研究ではなく，二つのマイノリティ側面を同時に有する当事者に関する研究を行った．二つのマイノリティ側面を同時に持つ労働者が日本の職場ではどのような問題や悩みを抱えているかに着目し，ダイバーシティマネジメントの実施困難における個人的要因や問題解決プロセスを解明した．調査期間を経て，合計12名のダブルマイノリティ当事者の同意を得て，立てられた三つの研究課題に対し，それぞれ新たな知見が得られた．就職活動や仕事をする上で，「職場における問題解決基準の揺れ」と「ワークライフバランスの維持困難」といった二つの問題が発見され，「ダブルマイノリティの特質」と「問題解決の優先順位」といった当事者側にある二つの要因が発見できた．さらに，入社前（来日前），入社後，転職後（帰国後）といった三つの期間，及びＳ１「就職活動を開始する」からＳ９「仕事を継続する」まで，計九つのステップが存在するダブルマイノリティ当事者の職場で困難解決プロセスを抽出した．最後に，「マイノリティ側面の利用」と「キャリアプランの早期形成」といった二つを実践的知見として提案した．

　注
　1）すべての概念を Concept の C から命名した.

第5章

職場における性的マイノリティ
当事者のメンタルヘルス

は じ め に

　2020年4月，新型コロナウィルス（COVID-19，以下本章では「コロナウィルス」
と表記）の感染拡大により，日本全域で緊急事態宣言が出され，人々の生活環
境に大きな影響を与えられていた．その状況の中，LGBTに代表される性的マ
イノリティの当事者はより深刻な状況に陥っている．例えば，まだ存在する社
会的偏見により，トランスジェンダー当事者は身体的な理由で医療保険に加入
できず，コロナウィルスに罹患しても，治療を受けられなかったりする．性的
マイノリティ当事者は世間一般に疎外されやすく，コロナウィルスの影響を最
も受けている人たちだと [James 2020] 考えられる．また，National LGBT Can-
cer Network の2021年度の公開書簡により，性的マイノリティ当事者は一般平
均より喫煙率が50％も高いため，呼吸器疾患であるコロナウィルスに罹りやす
い一方，多くの医療現場で差別的な態度を受けた経験により，医療を受けるこ
とをためらう当事者が多いことが確認できる．さらに，性的マイノリティ当事
者が主に従事するレストラン，フードサービス，小売業はコロナウィルスの影
響が大きく，長期的な失業に直面する可能性が高いと考えられる．

　そのほか，勤務スタイルも著しく変化していた．コロナウィルスが流行して
から現場勤務はほとんどできなくなり，在宅勤務が主流になった．ミーティン
グ手段として使われるソフトにプライベートの電子メールが使われることがあ

り，本来知られたくない名前が公表されるストレスを抱える性的マイノリティ当事者が現れる［Hensley-Clancy 2020］．コロナ禍による仕事スタイルの変化は，性的マイノリティ当事者の職場でのメンタルヘルスと何らかの関係があると考えられるが，具体的な影響因子とは何かが明らかになっていない．また，「「第5回 新型コロナウィルス感染症が企業経営に及ぼす影響に関する調査」（一次集計）結果」［2021］によると，労働者を確保するために，企業が最優先に実施するとした取り組みの一位は，「働きがいや仕事に対する充実感を高める」（44.3％）という内容である．コロナ禍になった現在，多くの企業は労働力の確保が非常に重要だと訴えるが，実際に確保できていない．

　また企業には多くの多様性が存在するが，性的マイノリティという多様性は組織のパフォーマンスと企業の異質な特性に対する受容度の向上にも強い相関関係を持つ［Patrick 2010；Ozbilgin & Tatli 2008］．そう考えると，企業にとって性的マイノリティ当事者は非常に重要な人材であり，性的マイノリティ当事者が勤務する上での問題を改善する重要性が示唆される．仕事に対する満足感をはじめ，従業員のメンタルヘルスに関するダイバーシティマネジメントは，日本企業人材流失を防ぐことにつながる．従って，本章はコロナ禍における性的マイノリティ当事者の職場でのメンタルヘルスに着目し，メンタルヘルスに影響する因子を検討する．

1．性的マイノリティ当事者とメンタルヘルス

1.1．コロナ禍がマイノリティ当事者にもたらす影響

　共同通信［2020］の調査によると，コロナ禍による生活環境変化という理由で増加した疾患について，全国の医師の約4割近くが「精神疾患」を挙げたことが分かった．コロナ禍は人々の精神面に影響を与え，「悪夢を見る」，「コロナに対する恐怖」，「うつ状態」という症状が代表例［向井 2021］として挙げら

れる．感染拡大により，罹患への恐怖が高まり，収束の見通しがつかない中，多くのストレスが発生し，個人の生活にも負の影響が与えられた．外出が制限され，活動自粛によるストレスは生活用品の入手困難につながり，メンタルヘルス全体に影響が出ている［松本・太田 2021］と考えられる．コロナ禍により，生活に対する人々の不安が高まり，精神的負担も大きくなる．

　その状況の中，社会のマイノリティ当事者たちは，当然コロナ禍による影響を受けている．例えば，安・BERRY［2023］は，日本の外国人留学生が受けるコロナ禍の影響を分析した結果，親元から離れている留学生は，外出が制限され，無力感，孤独感，恐怖感を感じていたことを明らかにした．また，コロナ禍になって以来，多くの留学生のメンタルヘルスが懸念されている．留学生のみならず，コロナ禍により，多くの大学生は学習面と生活面において影響を受けており，学校の休校などの社会的接触機会の減少により，若者世代に精神的ストレスが引き起こされた可能性があり［Jones et al. 2021］，ひどい場合，多くのストレスによる抑うつや不安といったメンタルヘルスの危険も考えられる［Aucejo et al. 2020］．そのほか，女性はコロナ禍により受けた影響として，職場復帰が叶わず［川田 2021］，雇用環境の悪化による自殺率の上昇［本橋・金子 2023］が挙げられる．

　さらに，性的マイノリティ当事者の生活環境はコロナ禍に伴い，日本社会における他のマイノリティ当事者の生活環境に比べ，より深刻化になっていると考えられる．場合によっては，過度なアルコール摂取，自殺企図，心的外傷後ストレス障害［岡本 2021］を持つ性的マイノリティ当事者も現れる．だが，今までの章にて説明したように，性的マイノリティ当事者は日本社会でカミングアウトすることが困難であり，他のマイノリティ当事者に比べ，コロナ禍による影響が浮上しにくいと考えられる．従って，コロナ禍が性的マイノリティ当事者にもたらす影響を解明しようと試みる．

1.2. 従業員の職場でのメンタルヘルスの検討

今まで職場での健康は身体的健康だと思われてきたが，近年，心の健康であるメンタルヘルスは従業員に大きく影響を与えていることが日本企業で認識されるようになった．メンタルヘルスに関する検討は，従来，健康障害プロセス，仕事内容によるストレスの低減は主な内容だったが，今後，動機づけプロセス，ワークエンパワーメント，組織の活性化といった内容がより重要視すべきである [島津 2022]．実際，職場のハラスメントがメンタルヘルスに統計的に有意な影響を与えている可能性があるため [山岡ほか 2022]，従業員のメンタルヘルスは従業員自身に大きな関係しているだけではなく，企業にも関係している．だが，現時点で職場でのメンタルヘルスの因子分析は十分に行われておらず，日々深刻化するメンタルヘルス問題に関して，職場環境が与えている影響の有無を検討する研究が期待される [塗師本 2022] ため，構成因子を明らかにする意義があると考えられる．

従って，コロナウィルスは従業員の職場でのメンタルヘルスに影響を与えていると考えられる．コロナウィルスに感染しないよう，過度なアルコール消毒や手洗いによる身体的影響のリスクがある一方，パーソナリティの特性により，このような強迫的行動に伴う緊張や恐怖が現れ始めている [浜田 2020]．また，ロックダウンの施策が行われた時期があり，身体能力の低下及び経済的ダメージと同時に，メンタルヘルスにも大きな影響が及んでいる [Lawley 2020]．感染リスクが引き起こす心理的反応や環境の変化がもたらすストレス反応やネット上の誹謗中傷などといったメンタルヘルスへの影響 [加藤 2020] が存在する．「第5回 新型コロナウィルス感染症が企業経営に及ぼす影響に関する調査」[2021] により，「仕事に対する充実感をあげる」，「賃金の引き上げ」，「有給取得の推進」などの取り組みが多くの日本企業で実施されるようになった．多くの日本企業はコロナ禍における従業員のメンタルをケアし，人材を確保する姿勢を示した．上述したことを踏まえて，コロナ禍における職場でのメンタルヘルスの

第5章 職場における性的マイノリティ当事者のメンタルヘルス　*105*

要因を特定する必要がある.

2. 隠れやすい性的マイノリティ当事者のメンタル問題

　性的マイノリティ当事者が抱えている多様性は比較的深層的なものであるため,職場における問題が実際に存在していても,察知しにくく,隠れやすいと考えられる.そのため,性的マイノリティ当事者のメンタルヘルスに関する研究を本章にて行うことにした.また,職場でのメンタルヘルスは以前より多くの注目を集めており,コロナ禍における職場でのメンタルヘルスの因子特定は必要とされているが,コロナ禍における性的マイノリティ当事者のメンタルヘルスの研究がほとんど見当たらない.従って,コロナ禍における性的マイノリティ当事者の職場でのメンタルヘルスに着目し,その構成因子を本章で明らかにする.その後,抽出された構成因子が性的マイノリティ当事者のメンタルヘルスにどのような影響を与えているかを統計的に分析する.

　性的マイノリティ当事者は勤務する際に,フィジカルな問題だけではなく,メンタルな側面でも多くの壁にぶつかる.NHK [2015] が実施した「LGBT 当事者アンケート調査〜2600人の声から〜」により,自らの性自認や性的指向で心理的健康への影響があると感じる当事者は4割近くおり,異性愛者に比べ,性的マイノリティ当事者は精神的問題を起こしやすく,うつ病の深刻度も上昇しやすい [Plöderl & Tremblay 2015].また,パンデミックの際に,性的マイノリティ当事者は,抱えている既存のマイノリティストレスの悪化,経済的困難,HIV 治療とコロナ感染リスクに関連する悩みが当事者のメンタルヘルスに影響を与えている [Oginni et al. 2021].だが,このような日本国外での調査結果があるのに,日本国内での検討はなされていない.性的マイノリティ当事者が勤務中に直面するメンタルヘルスに関する問題が存在するにもかかわらず,コロナ禍に伴うメンタルヘルス問題の原因を特定できず,有効な解決方法がなかな

か見つからない現状がある.

　実際,日本企業はダイバーシティマネジメントを実施しており,第3章にて,同性パートナーを配偶者として承認し,本来異性配偶者に適用する福利厚生を同性パートナーにも適用する制度や,同性パートナーシップで結ばれた従業員の子どもを異性夫婦の子どもと同等な扱いをする制度が挙げられる.しかし,職場で実施されている取り組みは,性的マイノリティ当事者である従業員の心理的健康に影響をそれほど与えていないため[Lloren & Parini 2017],性的マイノリティ当事者の職場でのメンタルヘルスに影響する因子とは何かが解明されていない.メンタルヘルスに影響を与える因子の分析にあたり,まずコロナ禍以降,性的マイノリティ当事者の職場でのメンタルヘルスの構成因子が明らかにされていない.そのため,日本企業で勤務する性的マイノリティ当事者におけるコロナ禍による職場でのメンタルヘルスの構成因子を明らかにする必要があると考えられる.

　メンタルヘルスに変化を与えるものは,多く存在すると考えられる.赤堀ほか[2022]によると,在宅勤務を実施した従業員は,在宅勤務時のコミュニケーションに両極化が生じていることが分かった.元々同僚とのつながりが弱い労働者は同僚間のつながりがさらに弱くなり,より深刻化になった.また,職場で相談できる環境がなくなり,ネット上の情報を何度も繰り返して見るリスクや過度な消毒意識は,勤務中により多くの緊張感と恐怖感を抱く可能性を高めている[浜田 2020].このような事象は,本当に性的マイノリティ当事者のメンタルヘルスの影響を与えているかどうかを検討したい.また,本章で使用する研究調査票は,性的マイノリティ当事者向けのものではないが,一般向けの職場メンタルヘルスに関する調査票に性的マイノリティ当事者に関連する項目を追加したものである.そのため,抽出された構成因子のうち,どの因子が性的マイノリティ当事者の職場でのメンタルヘルスに統計的に有意な影響を与えているか,さらなる検討が必要である.従って,コロナ禍による性的マイノリ

ティ当事者の職場でのメンタルヘルスの構成因子を特定した後，どのような因子がどのようにメンタルヘルスに影響を与えているかを検証する必要がある．従って，本章は以下の二つの研究課題を立て，検証する．

研究課題１：コロナ禍において，性的マイノリティ当事者の職場でのメンタルヘルスの構成因子としてどのようなものが存在するか．

研究課題２：抽出された構成因子のうち，どの因子が性的マイノリティ当事者の職場でのメンタルヘルスに影響を与えるか．

３．アンケート調査について

　本章は，コロナ禍における性的マイノリティ当事者の職場でのメンタルヘルスに焦点を当て，性的マイノリティ当事者に向け，メンタルヘルスに関するアンケート調査を行う．性的マイノリティ当事者を把握するため，スクリーニング調査を行う．シスジェンダー（性自認が出生時に割り当てられた性別と一致する者）とヘテロセクシュアル（異性愛者）を両方選んだ回答を除外し，日本で勤務し，自分自身が考えている性的指向及び性自認と実際に選んだ性的指向及び性自認が性的マイノリティである回答者のみ，本章の研究対象とする．

　性的マイノリティ当事者の特定後，メンタルヘルスに関するアンケートへの回答を求めた．本章は性的マイノリティ当事者の職場でのメンタルヘルスの構成要因を明らかにすることが目的であり，どのような職場環境要因が影響を与えているかを検証するには，「職業性ストレス簡易調査票」は相応しいものだと考えた．厚生労働省が2021年に改訂した「労働安全衛生法に基づくストレスチェック制度実施マニュアル」に基づき，「職業性ストレス簡易調査票（57項目）」と「職業性ストレス簡易調査票（80項目）」をアンケートのベースとして用いた．また，任意団体「プライドハウス東京」コンソーシアムが2020年に実施した

「LGBTQ Youth TODAY」という当事者向けの「セクシュアル・マイノリティの若者［12〜34歳］への新型コロナウィルス感染拡大の影響に関する緊急アンケート」を参照し，本書に必要な項目を抽出し，上述した調査票に追加した．

　本章で使用する調査項目は，リッカード尺度の7段階評価を用いた．「全く思わない」，「そう思わない」，「やや思わない」，「どちらとも言えない」，「ややそう思う」，「そう思う」，「非常にそう思う」である．すべての回答を数値化し，「全く思わない」を1とし，順に「非常にそう思う」を7とする．研究課題1で得られた因子を計算し，研究課題2の説明変数（独立変数）とする．本アンケート項目である「私は現在メンタルヘルス状態は健康である」を被説明変数（従属変数）とする．被説明変数（従属変数）の数値化は上述したリッカード尺度の7段階評価の方法に準ずる．

4．得られたメンタルヘルスの因子

　上述したスクリーニング調査と本調査は，オンライン調査会社を通して実施を行った．最終的に性的マイノリティ当事者1959名（9.80％）を研究対象者として特定し，本アンケートを配布した．スクリーニング調査と同様に，調査目的や用途等を説明し，同意のもとで回答を求めた．1900名分の回答を回収できたが，調査会社及び研究者により抜け漏れの確認を実施し，最終的に1500名分の有効回答を得ることができた．有効サンプル数は1500である．その内訳は，レズビアン（Lesbian）181人（12.07％），ゲイ（Gay）206人（13.73％），バイセクシュアル（Bisexual）407人（27.13％），トランスジェンダー（Transgender）176人（11.73％），パンセクシュアル（Pansexual）84人（5.60％），アセクシュアル（Asexual）125人（8.33％），エックスジェンダー（X-gender）55人（3.67％），クエスチョニングかクィア（Questioning or Queer）82人（5.47％），インターセックス（Intersex）66人（4.40％），ツースピリテッド（2-Sprited）16人（1.07％），その他（Others）

第5章 職場における性的マイノリティ当事者のメンタルヘルス　*109*

102人（6.80%）である．こちらのデータを用いて，得られた研究課題の結果を
説明する．

4.1.　メンタルヘルスの構成因子

　研究課題1「コロナ禍において，性的マイノリティ当事者の職場でのメンタ
ルヘルスの構成因子としてどのようなものが存在するか」において，因子を特
定するため，因子分析を行った．研究課題1に使用するデータの観測変数は64
であり，実際の有効サンプル数は1500である．Comfrey & Lee［1992］による
と，観測変数の10倍以上のサンプル数が必要であり，本書は上記条件を十分に
満たしていると言えよう．また，使用するデータは因子分析に適しているかを
KMO検定（Kaiser-Meyer-Olkin）した結果，サンプリング適切性基準値は.948で
あり，因子分析に適したデータである．

　探索的因子分析であるため，最尤法及びプロマックス回転を用いた．平行分
析を行い，最初10因子が得られたが，10因子目は因子負荷量の絶対値が.50以
上の項目はなく，構成項目を再検討し，最終的に9因子が得ることができた．
最終的に決定された9因子の因子負荷量.05未満の項目を削除し，結果は表5-
1にて確認できる．また，ω係数を確認したところ，すべての因子のω係数
は.70を超えており，得られた9因子の信頼性は十分である．ω係数は表5-
1の命名した各因子右側に記載されている．

第一因子：職場環境のサポート

　第一因子には，「5-4上司は部下が機会を持てるように配慮する」（.833），
「5-5上司は誠実な態度で対応してくれる」（.821），「4-4人事評価の結果が
十分に説明されている」（.820），「4-3一人一人の価値観を大事にしてくれる
職場だ」（.798），「5-6努力すると褒められる」（.793），「4-2変化があると従
業員の意見が聞かれている」（.780），「4-6キャリアに役立つ教育が行われて

表 5-1　研究課題 1 因子分析の結果 （N＝1500）

項目	因子1	因子2	因子3	因子4	因子5	因子6	因子7	因子8	因子9	共通性
第一因子：職場環境のサポート ［ω＝.935］										
5-4 上司は部下が機会を持てるように配慮する	0.833	0.051	−0.017	0.026	−0.038	0.063	−0.162	−0.040	0.005	0.633
5-5 上司は誠実な態度で対応してくれる	0.821	−0.034	−0.020	0.030	0.028	0.049	−0.042	−0.011	−0.108	0.676
4-4 人事評価の結果が十分に説明されている	0.820	−0.028	0.011	−0.008	−0.001	0.047	−0.042	0.002	−0.067	0.602
4-3 一人一人の価値観を大事にしてくれる職場だ	0.798	−0.009	0.006	−0.016	−0.021	−0.085	0.060	0.055	−0.009	0.726
5-6 努力すると褒められる	0.793	−0.025	0.003	0.014	0.036	0.023	−0.066	0.015	−0.016	0.681
4-2 変化があると従業員の意見が聞かれている	0.780	−0.034	0.079	−0.055	0.003	−0.030	0.035	0.028	−0.060	0.650
4-6 キャリアに役立つ教育が行われている	0.761	−0.009	0.021	−0.044	−0.048	0.082	−0.094	0.010	0.117	0.599
5-2 上司からふさわしい評価を受けている	0.731	0.070	−0.003	0.062	−0.020	−0.034	−0.039	−0.073	−0.019	0.558
4-1 経営層からの情報は信頼できる	0.719	−0.037	0.025	−0.012	0.011	−0.065	0.073	0.026	−0.040	0.607
4-5 異なる立場の人でも一員として尊重される	0.658	−0.006	0.080	−0.089	−0.006	−0.006	0.090	0.049	−0.006	0.509
5-7 失敗しても挽回するチャンスがある職場だ	0.649	−0.014	−0.028	−0.019	0.076	0.036	0.080	0.016	−0.002	0.578
5-1 自分の仕事に見合う給料をもらっている	0.611	0.122	−0.098	0.064	−0.116	0.006	−0.015	−0.042	−0.006	0.368
4-8 仕事で自分の生活がさらに充実している	0.539	−0.038	−0.081	0.044	−0.051	0.031	−0.014	0.032	0.325	0.552
第二因子：情緒的な不安 ［ω＝.912］										
1-17 気分が晴れない	−0.038	0.947	0.074	−0.044	−0.102	−0.102	0.087	0.070	−0.040	0.767
1-16 集中できない	−0.010	0.931	0.056	0.000	−0.091	−0.060	0.060	−0.025	−0.027	0.701
1-15 何をするのも面倒だ	−0.022	0.853	0.050	−0.04	−0.045	−0.068	0.083	0.057	−0.089	0.659
1-18 悲しいと感じる	0.012	0.785	−0.025	−0.04	−0.127	0.036	0.300	0.127	0.052	0.634
1-14 落着かない	0.038	0.682	0.017	0.065	−0.056	0.067	0.032	0.091	0.052	0.586
1-13 ひどく疲れた	−0.032	0.519	0.174	−0.008	0.224	−0.112	−0.014	0.141	−0.027	0.626

第三因子：仕事の過負荷 ［ω=.874］

2-3一生懸命働かなければならない	0.035	0.009	**0.786**	-0.049	0.028	0.061	-0.045	-0.070	-0.035	0.607
2-4かなり注意を集中する必要がある	-0.014	-0.008	**0.753**	-0.022	0.036	0.047	-0.033	-0.005	0.019	0.599
2-1たくさんの仕事をしなければならない	-0.008	0.024	**0.753**	-0.013	-0.032	0.097	-0.025	0.004	-0.008	0.599
2-6勤務時間中はいつも仕事のことを考える	0.014	0.039	**0.717**	0.039	0.015	0.039	-0.066	-0.072	0.027	0.544
2-2時間内に仕事が処理しきれない	0.053	0.144	**0.626**	0.052	-0.081	0.130	-0.079	-0.037	-0.036	0.515
2-5高度の知識や技術が必要な仕事だ	0.018	0.051	**0.591**	0.027	-0.026	0.083	-0.030	-0.104	0.178	0.436

第四因子：通院ハードル ［ω=.877］

6-1コロナに感染する不安で通院しにくい	-0.073	-0.051	0.115	**0.975**	0.012	-0.176	0.064	0.054	-0.076	0.773
6-2他の人に感染させる不安で通院しにくい	-0.047	-0.07	0.132	**0.960**	0.021	-0.158	0.095	0.028	-0.084	0.758
6-5通院が知られる不安で通院しづらい	0.043	0.026	-0.060	**0.687**	-0.045	0.158	-0.020	-0.011	0.065	0.599
6-4同居者に伝えていないので通院しづらい	0.068	0.049	-0.124	**0.606**	-0.057	0.199	-0.062	-0.048	0.102	0.570
6-3経済的に通院しづらい	0.040	0.109	-0.095	**0.513**	0.043	0.131	-0.076	0.020	0.022	0.450

第五因子：身体的不快感 ［ω=.757］

1-2首筋や肩がこる	-0.036	-0.066	0.024	-0.005	**0.764**	-0.026	-0.025	0.067	-0.052	0.568
1-4目が疲れる	-0.021	0.087	0.044	-0.038	**0.665**	-0.023	0.051	0.013	-0.054	0.525
1-3腰が痛い	-0.030	-0.028	-0.051	0.006	**0.620**	0.119	-0.024	0.062	0.008	0.425

第六因子：組織文化の不一致 ［ω=.746］

2-12部署内で意見のくい違いがある	-0.118	-0.060	0.219	-0.068	-0.019	**0.695**	0.173	0.050	-0.131	0.492
2-13私の部署と他の部署とはうまが合わない	-0.080	-0.055	0.167	-0.007	-0.009	**0.692**	0.097	0.053	-0.085	0.499
2-15私の職場の作業環境良くない	-0.113	-0.042	0.135	0.000	0.070	**0.582**	0.114	0.021	-0.066	0.382

第七因子：仕事の柔軟性 ［ω=.776］

2−9自分でやり方を決めることができる	−0.006	0.042	−0.035	0.044	−0.013	0.169	**0.896**	−0.046	−0.070	0.602
2−8自分のペースで仕事ができる	0.073	0.124	−0.282	−0.026	−0.032	0.263	**0.832**	−0.059	−0.043	0.569
2−10職場の仕事の方針に自分の意見を反映できる	0.223	−0.004	0.033	0.024	−0.028	0.102	**0.615**	−0.020	0.056	0.523

第八因子：感情的不快感 ［$\omega=.930$］

1−10怒りを感じる	0.016	0.080	−0.078	0.018	0.032	0.068	−0.053	**0.845**	0.036	0.829
1−11腹立たしい	0.015	0.156	−0.065	0.007	0.025	0.044	−0.058	**0.792**	0.026	0.806
1−12イライラしている	0.022	0.212	−0.051	0.015	0.059	0.027	−0.018	**0.745**	−0.019	0.818

第九因子：勤務意欲 ［$\omega=.824$］

3−4自分の仕事に誇りを感じる	0.233	0.016	0.088	−0.028	−0.020	−0.198	−0.033	0.013	**0.653**	0.684
3−3活力がみなぎるように感じる	0.309	−0.031	−0.076	0.078	−0.003	−0.103	−0.025	−0.018	**0.577**	0.616
2−17働きがいのある仕事だ	0.196	−0.014	0.153	−0.005	0.000	−0.186	0.098	−0.006	**0.512**	0.612
因子負荷の2乗和	10.867	10.523	5.714	5.628	5.391	7.841	6.541	5.886	5.699	
因子寄与率 ［％］	20.727	14.308	4.741	4.144	2.237	2.348	1.757	1.279	1.277	
累積因子寄与率 ［％］	20.727	35.035	39.776	43.920	46.157	48.505	50.262	51.541	52.818	

因子抽出法：最尤法　回転法：Kaiser の正規化を伴うプロマックス法．9回の反復で回転が収束しました．

（出所）筆者作成．

いる」(.761)，「5−2上司からふさわしい評価を受けている」(.731)，「4−1経営層からの情報は信頼できる」(.719)，「4−5異なる立場の人でも一員として尊重される」(.658)，「5−7失敗しても挽回するチャンスがある職場だ」(.649)，「5−1自分の仕事に見合う給料をもらっている」(.611)，「4−8仕事で自分の生活がさらに充実している」(.539) といった計13項目が含まれる．勤務先である職場の理念や制度など，本因子の構成項目である機会の獲得，妥当な給与，努力への肯定といった多くの側面からサポートを得ることの重要性が感じられるため，第一因子を「職場環境のサポート」と命名した．

第二因子：情緒的な不安

第二因子には，「1-17気分が晴れない」(.947)，「1-16集中できない」(.931)，「1-15何をするのも面倒だ」(.853)，「1-18悲しいと感じる」(.785)，「1-14落着かない」(.682)，「1-13ひどく疲れた」(.519) といった計6項目が含まれる．本因子に憂鬱に近い項目が多く，勤務するにあたり，ネガティブ思考が多く確認できた．勤務に対するネガティブな感情が現れると感情的に不安な要素が生じるため，上述した情緒的な不安は性的マイノリティ当事者のメンタルヘルスの構成因子として考えられる．従って，第二因子を「情緒的な不安」と命名した．

第三因子：仕事の過負荷

第三因子には，「2-3一生懸命働かなければならない」(.786)，「2-4かなり注意を集中する必要がある」(.753)，「2-1たくさんの仕事をしなければならない」(.753)，「2-6勤務時間中はいつも仕事のことを考える」(.717)，「2-2時間内に仕事が処理しきれない」(.626)，「2-5高度な知識や技術が必要な仕事だ」(.591) といった計6項目が含まれる．勤務において，高度な知識，仕事量，仕事に対する懸命さが求められる場合がある．また，勤務における集中力や高効率も要求されるため，全集中の状態で勤務する必要があると考えられる．制限された勤務時間内での仕事，高度な技術が必要な仕事といった構成項目は，性的マイノリティ当事者のキャパシティオーバーにつながる恐れがある．従って，第三因子を「仕事の過負荷」と命名した．

第四因子：通院ハードル

第四因子には，「6-1コロナに感染する不安で通院しにくい」(.975)，「6-2他の人に感染させる不安で通院しにくい」(.960)，「6-5通院が知られる不安で通院しづらい」(.687)，「6-4同居者に伝えていないので通院しづらい」(.606)，「6-3経済的に通院しづらい」(.513) といった計5項目が含まれる．LGBT向けの医療体制を含めた対応は，未整備な自治体が多く ［奥野 2021］，

性的マイノリティ当事者の不安を招く．医療現場における同性パートナーの対応は未熟であるため，コロナウィルスに罹患しても，通院しづらくなる．この因子の構成項目はすべて通院に関するものであり，コロナ罹患した際の健康への不安や，他人に移すリスクといった要素が確認できた．また，心理的な要素だけではなく，金銭面での制限といった経済的な要素による通院困難も存在する．コロナ禍により，収入の減少とコロナ感染による行動制限を合わせ，第四因子を「通院ハードル」と命名した．

第五因子：身体的不快感

　第五因子には，「1-2首筋や肩がこる」(.764)，「1-4目が疲れる」(.665)，「1-3腰が痛い」(.620) といった計3項目が含まれる．本因子は身体的な痛みや疲れが主な構成項目だが，コロナ禍による在宅勤務の影響が著しいと考えられる．アンケート項目には，他の身体問題もあるが，コロナの影響により，テレワーク勤務に伴う身体的問題の因子負荷量が大きかった．従って，長時間の座位による腰の痛み，パソコン作業に伴う目の疲れとデスクワークによる肩凝りが本因子の構成項目の原因として推測できる．また，在宅勤務のスタイルとしてテレワークが挙げられるが，それに伴う身体活動量の低さが在宅勤務者のメンタルヘルスの悪化要因 [Lunde et al. 2022] として指摘されている．在宅勤務の増加により，身体的不快感がメンタルヘルスの影響因子として考えられ，第五因子は「身体的不快感」と命名した．

第六因子：組織文化の不一致

　第六因子には，「2-12部署内で意見のくい違いがある」(.695)，「2-13私の部署と他の部署とはうまが合わない」(.692)，「2-15私の職場の作業環境は良くない」(.582) といった計3項目が含まれる．勤務にあたり，同僚との人間関係はメンタルヘルスに関係すると確認できた．同部署の同僚だけではなく，他部署の従業員との関係も項目として確認できた．また，同僚間の人間関係のほ

第5章　職場における性的マイノリティ当事者のメンタルヘルス　*115*

か，作業環境も構成項目として現れた．コロナ禍により，テレワークや自宅勤務に切り替えている企業が多いが，現場系の仕事は勤務形態の変更が難しく，コロナウィルスに罹患しやすい作業環境だと考えられる．組織文化の不一致は作業環境や同僚との人間関係により変わる可能性があるため，職場でのメンタルヘルスの構成因子として考えられる．従って，第六因子を「組織文化の不一致」と命名した．

第七因子：仕事の柔軟性

　第七因子には，「2-9自分でやり方を決めることができる」(.896)，「2-8自分のペースで仕事ができる」(.832)，「2-10職場の仕事の方針に自分の意見を反映できる」(.615) といった計3項目が含まれる．勤務する際に，自分が決定権を持っているか，自分の思うように仕事が進められるか，自分の意見が反映されているかといった項目が含まれる．職場での「自分」および自分の考えが大切にされているかどうかは，職場でのメンタルヘルスに影響を与えると予想できる．職場で「自分」が求めているニーズの対応ができるかは本因子の内容にあたる．勤務時間やスタイルの変更といった柔軟な対応は，性的マイノリティ当事者の職場でのメンタルヘルスの構成因子として考えられる．従って，第七因子を「仕事の柔軟性」と命名した．

第八因子：感情的不快感

　第八因子には，「1-10怒りを感じる」(.845)，「1-11腹立たしい」(.792)，「1-12イライラしている」(.745)といった計3項目が含まれる．第二因子のネガティブ感情の「情緒的な不安」と異なり，第八因子の構成項目は，攻撃的な要素が含まれており，誰かに対する不満や苛立ちなどである．コロナによる職場環境変化として，「感染蔓延下でも出社せざるを得ない怒り」，「疎外感」，「新たな働き方への不慣れ」が挙げられる [錦戸ほか 2023]．勤務中，このような不快な感情が現れると，対立が起きてしまい，不服が態度として表情に出ると考えら

れる．このような感情がメンタルヘルスに影響を及ぼすと考えられ，マイナス思考につながる．従って，第八因子を「感情的不快感」と命名した．

第九因子：勤務意欲

　第九因子には，「3-4 自分の仕事に誇りを感じる」(.653)，「3-3 活力がみなぎるように感じる」(.577)，「2-17 働きがいのある仕事だ」(.512) といった計3項目が含まれる．勤務するモチベーションにあたる項目であり，仕事に対する満足感，勤務する原動力，仕事の働きがいの実感が確認できた．メンタルが健康なのかは勤務意欲を左右するとも解釈できるが，本章では勤務意欲はメンタルヘルスを左右することが明らかにできた．仕事に対するモチベーションが高い場合，「楽しく勤務できる」，「職場で悩み相談できる」などといったポジティブ思考が現れ，メンタルヘルスに影響を与えていると考えられる．従って，第九因子を「勤務意欲」と命名した．

　研究課題1「コロナ禍において，性的マイノリティ当事者の職場でのメンタルヘルスの構成因子としてどのようなものが存在するか．」において，「第一因子：職場環境のサポート」，「第二因子：情緒的な不安」，「第三因子：仕事の過負荷」，「第四因子：通院ハードル」，「第五因子：身体的不快感」，「第六因子：組織文化の不一致」，「第七因子：仕事の柔軟性」，「第八因子：感情的不快感」，「第九因子：勤務意欲」，合計九つの構成因子が存在する結果となった．

4.2.　メンタルヘルスに影響を与える因子

　研究課題2「抽出された構成因子のうち，どの因子が性的マイノリティ当事者の職場でのメンタルヘルスに影響を与えるか．」において，抽出された各因子がメンタルヘルスに与える影響度合いを検討する必要がある．従って，重回帰分析（ステップワイズ法）を用いて，各因子の検証を行った．各因子の因子負荷量を用いて算出したものは独立変数とする．アンケートの「私は現在メンタ

第5章　職場における性的マイノリティ当事者のメンタルヘルス　*117*

ルヘルス状態は健康である」項目を従属変数とする．また，各因子とメンタル
ヘルスの相関分析を行い，結果は**表5-2**である．それから重回帰分析（ステッ
プワイズ法）を行い，各因子の標準化係数を含めた結果は**表5-3**である．

　ステップワイズ法により，最終的にメンタルヘルスに四つの因子が統計上，
有意な影響を与えていることが確認できた．第一因子「職場環境のサポート」
はメンタルヘルスに正の影響を与え，係数は0.208（*p*<.*001*）である．第二因
子「情緒的な不安」はメンタルヘルスに負の影響を与え，係数は−0.333（*p*
<.*001*）である．第七因子「仕事の柔軟性」はメンタルヘルスに正の影響を与
え，係数は0.156（*p*<.*001*）である．第九因子「勤務意欲」はメンタルヘルス
に正の影響を与え，係数は0.131（*p*<.*001*）である．他の因子において，統計
上に有意性が見られなかったため，従属変数に影響を与えていると言えない結
果となった．

5．コロナ禍による性的マイノリティ当事者特有の因子なのか

　コロナ禍における性的マイノリティ当事者の職場でのメンタルヘルスの因子
分析は本章の目的であり，探索的因子分析及び重回帰分析を用いて，上述した
研究課題の結果が得られた．では，抽出された因子は性的マイノリティの特有
因子なのか，コロナ禍による因子なのか，職場でのメンタルヘルスの改善方法
とは何かに分け，結果に対する考察を行った．

5.1. 性的マイノリティ当事者の特有因子なのか

　本章にて，コロナ禍における性的マイノリティ当事者の職場でのメンタルヘ
ルスの構成因子の検討を行った．オリジナル調査票を用いて，メンタルヘルス
の構成因子を抽出した．その後，コロナ禍における職場でのメンタルヘルスに
影響を与える因子を特定するために，重回帰分析を行い，影響因子の分析も行っ

表5-2 メンタルヘルスと各要因の相関 (N=1500)

	メンタルヘルス	因子1	因子2	因子3	因子4	因子5	因子6	因子7	因子8	因子9
メンタルヘルス	1	—	—	—	—	—	—	—	—	—
因子1 職場環境のサポート	0.421***	1	—	—	—	—	—	—	—	—
因子2 情緒的な不安	−0.428***	−0.189***	1	—	—	—	—	—	—	—
因子3 仕事の過負荷	−0.119***	0.025	0.403***	1	—	—	—	—	—	—
因子4 通院ハードル	−0.173***	0.017	0.362***	0.208***	1	—	—	—	—	—
因子5 身体的不快感	−0.161***	−0.074**	0.480***	0.312***	0.142***	1	—	—	—	—
因子6 組織文化の不一致	−0.260***	−0.301***	0.461***	0.385***	0.322***	0.261***	1	—	—	—
因子7 仕事の柔軟性	0.357***	0.417***	−0.172***	−0.067*	−0.130***	−0.003	−0.147***	1	—	—
因子8 感情的不快感	−0.315***	−0.196***	0.692***	0.313***	0.257***	0.408***	0.414***	−0.121***	1	—
因子9 勤務意欲	0.408***	0.651***	−0.221***	0.144***	−0.038	−0.018	−0.258***	0.435***	−0.176***	1

Pearson の相関係数 ***：$p<.001$，**：$p<.01$，*：$p<.05$ 水準で有意 [両側]

(出所) 筆者作成.

第 5 章 職場における性的マイノリティ当事者のメンタルヘルス　　*119*

表 5-3 「メンタルヘルス」を従属変数としたステップワイズ法による重回帰分析
（N＝1500）

	非標準化係数	標準誤差	標準化係数 β	t 値	p 有意確率	VIF
＊従属変数：メンタルヘルス状態						
因子 1 職場環境のサポート	0.030	0.004	0.208	7.364	<.001	1.808
因子 2 情緒的な不安	−0.082	0.005	−0.333	−15.380	<.001	1.061
因子 7 仕事の柔軟性	0.079	0.012	0.156	6.532	<.001	1.290
因子 9 勤務意欲	0.090	0.020	0.131	4.572	<.001	1.862
因子 3 仕事の過負荷			−0.002	0.073	0.942	1.304
因子 4 通院ハードル			−0.036	−1.563	0.118	1.178
因子 5 身体的不快感			0.022	0.924	0.356	1.323
因子 6 組織文化の不一致			0.017	0.692	0.489	1.354
因子 8 感情的不快感			−0.004	−0.141	0.888	1.939
［定数］	3.208	0.179		17.886	<.001	
R	0.583					
R^2	0.339					
調整済み ［R^2］	0.338					

（出所）筆者作成.

た．だが，抽出された構成因子は性的マイノリティの職場でのメンタルヘルスの特有なものだと断言できない．

　コロナ禍での従業員の抑うつに影響を与える心理的要因として，仕事パフォーマンスの悪化，収入不安，重症化不安，改良型と調整型セルフコントロールの低さ，脅威性の評価の高さ，コミットメントの低さ，コントロール可能性の低さが挙げられる［津田ほか 2023］．本章で得られた性的マイノリティ当事者の職場でのメンタルヘルスの構成因子の「情緒的な不安」，「仕事の過負荷」，「組織文化の不一致」と同様の内容だと考えられる．また，医療従事者がコロナ禍でのメンタルヘルスの要因として，「ストレスと孤独感の増加」と「対応能力の低下」が明らかにされた［Kotera et al. 2022］．本章の結果として得られた「感

情的不快感」と「身体的不快感」とほぼ同じものだと解釈できる．既存のメンタルヘルスの構成因子の研究結果と比較し，得られた性的マイノリティ当事者の職場でのメンタルヘルスの構成要因及び影響要因は，必ずしも性的マイノリティ当事者の特有因子とは限らない．

　一方，性的マイノリティ当事者の特有因子だと考えられる研究結果が存在する．性的マイノリティ当事者は勤務する際に，イレギュラーの案件や突発的な出来事が非当事者に比べ，より広範囲で直面する可能性がある．例として，トランスジェンダー当事者は多くの身体問題に直面すると予想される．そのような理由を背景に，性的マイノリティ当事者特有な「仕事の過負荷」の構成要素が含まれると解釈できる．また，日本型人事システムの問題 [丸子 2019] である長時間勤務が発生した場合，身体的疲労が溜まりやすく，仕事に対するネガティブ感情が生まれる．勤務時間が延長され，業務外の仕事が振られることが予想されるため，「仕事の柔軟性」という因子も性的マイノリティ当事者の特有な要素が含まれる可能性がある．

　また，性的マイノリティ当事者は数多くの差別を受けており，不公平な待遇に遭遇したケースも非当事者より多いと予想できる．さらに，Human Rights Campaign Foundation [2020] によると，コロナのロックダウンや在宅勤務により，家庭内で過ごす時間が増えたことで，LGBT 当事者は有害な家庭環境から離れられなくなり，性的マイノリティ当事者は非当事者よりパートナーによる暴力を経験する割合が高いため，コロナ禍の時代で暴力を経験する可能性が大きくなると明らかになった．このような職場外の問題により，勤務意欲が下がり，職場でのメンタルヘルスも低下してしまう．従業員の安全を守るという取り組みの優先順位を上げると，従業員のポジティブなモチベーションを維持することにつながるため [Balda & Mora 2017]，「勤務意欲」に性的マイノリティ当事者の特有な要素があると考えられる．従って，抽出された因子に性的マイノリティ当事者特有な要素が含まれる因子もあれば，そうではない因子もある

ため，一概に性的マイノリティ当事者の特有因子だと決めかねる結果となり，今後非性的マイノリティ当事者との比較研究を行う必要がある．

5.2. コロナ禍によるメンタルヘルスの構成因子なのか

本章で得られた結果は，性的マイノリティ当事者特有の因子であるかを考察したが，コロナ禍による因子であるかといった考察も行う必要がある．コロナ前，同じ調査対象者に本アンケートの実施は不可能であるため，既存研究結果を用いて，本章で得られた因子を考察する．コロナ禍における一般従業員の職場での精神状態の悪化原因として，感染リスクへの不安，外出制限及び隔離，経済的損失，情報過多・過少，仕事の不安定性が明らかにされた[Hamouche 2020]．本章で得られた「情緒的な不安」，「通院ハードル」，「仕事の過負荷」と同じような内容だと考えられ，コロナ禍による因子であると考えられる．

また，錦戸ほか [2023] は中小企業に対し，コロナ禍による勤務変化の調査の結果，勤務時にメンタル不調が生じたという変化及び解決策を見つけた．コロナ禍による職場の環境及び勤務内容が以前と異なり，そのような変化に対応する「職場のサポート」は勤務する従業員のメンタルヘルスに関係する．コロナ禍以降，通勤や勤務スタイルが変化し，現場勤務やオフィス勤務と異なる在宅勤務が，ビジネスにおける新しい勤務スタイルとなった．社会における水平的もしくは垂直的なつながりを持つことが難しくなり，「身体的不快感」，「仕事の柔軟性」，「感情的不快感」はコロナ前と異なる内容になったと考えられる．

さらに，性的マイノリティ当事者が置かれている職場は，コロナ前より深刻になった場合がある．在宅勤務により，パートナーから暴力を受け，また隔離される時間が増えたことで心理的不安定が高まる [Konnoth 2020]．特に，トランスジェンダー当事者はコロナ禍のテレワークに大きく影響される．電話対応で声の特徴によるジェンダーが識別されているため，直接に会う際に自認しているジェンダーと間違えられることが事例として挙げられる．従業員は安全が

122

守られた前提で所属する企業で良いパフォーマンスを発揮する［Mensah &
Tawiah 2016］が，コロナウィルスの蔓延により，健康に対する不安が高まるこ
とが考えられ，コロナ禍での「通院ハードル」が考えられる．従って，本章で
得られた性的マイノリティ当事者の職場でのメンタルヘルスの構成因子はコロ
ナ禍によるものが存在し，コロナ前のメンタルヘルスの構成因子と異なる可能
性が大きいと推測できる．

5.3. メンタルヘルスの改善方法

　本章の研究課題2にて，性的マイノリティ当事者の職場でのメンタルヘルス
に影響を与える因子の特定を行った．統計上，有意に正の影響を与える因子と
して「職場環境のサポート」，「仕事の柔軟性」，「勤務意欲」が得られた．統計
上，有意に負の影響を与える因子として「情緒的な不安」が得られた．影響を
与える因子を踏まえ，性的マイノリティ当事者の職場でのメンタルヘルスの改
善方法を提案する．

　まず，職場のサポートは，性的マイノリティ当事者の職場でのメンタルヘル
スに正の影響を与えていることが確認された．「仕事の柔軟性」も同じ正の影
響を与えていると明らかになったため，職場で勤務する性的マイノリティ当事
者のニーズに合わせ，適切な職場のサポートが必要だと考えられる．現在，多
くの企業は性的マイノリティ当事者が自社に存在しないと誤認識しており［柳
2021］，性的マイノリティ当事者のニーズに合った取り組みが実施されていな
い現状がある．当事者のニーズが分かれば，企業も適した取り組みや適切なサ
ポートを実施しやすくなるが，当事者がカミングアウトできたとしても，メリッ
トを感じない可能性が大きいため，当事者はカミングアウトをしないという権
利が与えられるべきだという見方もできる．これこそ職場文化における「仕事
の柔軟性」が向上し，心理的側面での「職場のサポート」につながる．

　また，「勤務意欲」は性的マイノリティ当事者の職場でのメンタルヘルスに

も正の影響を与えていることが確認されたため、「勤務意欲」の重要性が示唆される．性的マイノリティ当事者は職場でより多くの差別に遭うため、性的マイノリティ当事者は自身に対する肯定感が下がりやすく、非当事者に比べ、メンタルヘルスの保持は難しいと推測できる．仕事に対する肯定的な評価は、職場でのメンタルヘルスの改善要因 [Kotera et al. 2022] として挙げられる．従って、仕事そのものを誇りに思えるか、勤務する際に働きがいを感じられるか、業務を行う活力があるかに対し、肯定的な評価を示すことで、「勤務意欲」が高まり、メンタルヘルスの改善方法として考えられる．

　最後に、「情緒的な不安」は性的マイノリティ当事者の職場でのメンタルヘルスに負の影響を与えていることが確認され、不安を如何に和らげることができるかは改善方法のポイントとなる．上述した「職場のサポート」にも関連するが、従業員同士でお互いに教え合い、学び合うことで、自己肯定感アップにつながり、高い勤務意欲を維持することが可能である [杉原 2021]．コロナ禍により、横のつながりが弱くなった性的マイノリティ当事者にとって、このような水平的なサポートは、仕事に対するモチベーションを高める効果 [山蔦ほか 2021]が予想される．支持的なコミュニケーションとセルフケアの理解[Kotera et al. 2022] によって自己肯定感が高まり、職場での勤務意欲の向上につながる．また、性的マイノリティの取り組みを実施するステップ [村木 2016] では、最初に相談窓口の設置が提唱されており、性的マイノリティ当事者は非当事者に比べ、相談できるツールが比較的少ないため、相談可能な窓口があることで、勤務による不安を解消でき、メンタルヘルスの向上につながる．従って、従業員同士のサポートと相談窓口の設置は、情緒的な不安を和らげる方法として考えられる．

小　　括

　本章は，コロナ禍における性的マイノリティ当事者の職場でのメンタルヘルスの構成因子を明らかにすることが目的で，日本企業で勤務する性的マイノリティ当事者を対象にアンケート調査を行った．性的マイノリティ当事者1500人の有効データを得ることができ，探索的因子分析を用いて，合計九つの構成因子を抽出した．影響因子を確認するために，九つの因子の因子負荷量を用いて計算し，重回帰分析［ステップワイズ法］を通して，メンタルヘルスに影響を与える因子及び影響度合いを明らかにした．「第一因子：職場環境のサポート」，「第七因子：仕事の柔軟性」，「第九因子：勤務意欲」はメンタルヘルスに有意に正の影響を与え，「第二因子：情緒的な不安」はメンタルヘルスに有意に負の影響を与える．だが，コロナ禍における当事者の職場でのメンタルヘルスの構成因子は，コロナ禍による因子が存在するものの，すべて性的マイノリティ当事者の特有因子だと言えない結果となった．研究結果を踏まえて，性的マイノリティ当事者の職場でのメンタルヘルスの改善方法を提案した．今後，比較研究を通して因子の特有性について検討する必要がある．

第6章

ダイバーシティマネジメントに対する認識ズレ

はじめに

第3章，第4章，第5章では，ダイバーシティマネジメントにおける組織的要因，個人的要因，新たな要因について説明した．だが，日本企業では，多数派である非性的マイノリティ当事者に比べ，性的マイノリティ当事者が少数派であるため，同じダイバーシティマネジメントの内容，もしくは勤務に関する難点の認識は異なると思われる．また，LGBTが世間に知られたのは最近の出来事であり [名古 2020]，LGBTに代表される性的マイノリティ当事者に関する正確な知識を有している従業員はまだ少なく，偏見と誤解により，当事者に大きなダメージを与えている可能性も存在する．なぜなら日本はまだ男性が稼ぐという社会形態が残っており，仕事において，成果を始め，何かできたという結果を残さないといけない慣例が存在する．その風習が漂う職場で，性的マイノリティ当事者は能力を発揮できるかが懸念され，職場環境を整えることは重要だと示唆される．また，現在の職場において，LGBTを含む性的マイノリティ当事者に対する差別言動が多く見られることが確認され，そのような差別言動に「悲しい」といった悲観的な感情を持つ当事者がいる一方，「仕方がない」と諦めている当事者も多く存在する [二木 2015]．差別問題をはじめ，当事者の真の悩みを改善することができるかは企業側にとって，重要且つ必要な側面になってきている．当事者のニーズを正確に汲み取るために，当事者が本

当に抱えている悩みとは何か，非当事者が誤解していないかを明らかにすることは大きな意義を持つ．従って，本章にて今後より効果的な性的マイノリティ当事者のダイバーシティマネジメントを実施するために，すでに企業内で実施されている取り組みに対する当事者と非当事者の間，どのような認識の差異が存在するかを明らかにする．

1．職場における既存の認識ズレ

1.1. 取り組む必要性

　第3章の調査では，性的マイノリティ当事者が職場で難点だと認識しているものと非当事者が認識しているものにズレが生じていると分かった．例として，支援制度のレインボーマークに対し，つけてしまうと自分が当事者であることがばれてしまう恐れがあり，そのような支援活動を好まなかったことが挙げられる．また，NijiVOICE2019報告書から，LGBTの職場の施策に関するアンケート結果を見ると，同じく認識ズレが存在する．「相談窓口の設置」に関して，非当事者の53.3％は必要であると感じたのに対し，LGBの当事者が31.1％，またTの当事者が41.8％となり，それぞれ22.2％と11.8％の差が存在している．「職場での性的マイノリティに対する研修，eラーニング」に関して，非当事者の57.2％は必要であると感じたのに対し，LGBの当事者が39.6％，またTの当事者が48.0％となり，それぞれ17.6％と9.2％の差が存在している．現在の日本の職場にいるLGBT当事者の中，セクシュアリティに関するイベントなどに対する抵抗があり，参加する，もしくは支援するとなると，本当の自分がばれてしまうのではないかと心配する当事者がいる．それに基づき，LGBT当事者が研修などに参加するだけで隠し通したいことが晒されるのを恐れて，社会研修の参加率が低いことはそこに原因があるのではないかと考えられる．

また，NijiVOICE2019報告書によると，「性的マイノリティに関する施策は必要ない」という項目に関して，非当事者のわずか3.3%は賛成の態度を表したのに対し，LGBの当事者が14.1%，またTの当事者が8.7%となり，それぞれ－10.8%と－5.4%の差が見られたことである．性的マイノリティ当事者は，非当事者が考えているほど「性的マイノリティ」という側面で援助されたい，支援されたいと思っていないと解釈できる．当事者の認識では，セクシュアリティという側面において，社会のマイノリティの立場にはなっているが，「弱い」立場ではないと考えられる．さらに，金銭的物理的な援助をされたくないという思考を少なからず持っている当事者もいる．このような多くの差異は存在し，今後のダイバーシティマネジメントはどのようなものを優先させるべきなのかは分からなくなっている現状が窺える．

1.2. 非当事者の「性別」による差異

取り組む必要性に関する認識ズレが生じるが，非当事者の性別による差異は[1]他にも存在する．LGBT法連合会 [2016] は，職場の中で，風俗店に誘われることが何度かあったが，断り続けると怪しまれるため，ゲイであることがばれないように，そのような誘いも断れなくなったと困っている事例がある．非当事者男性からすると，周りの男性を「遊びに誘う」という感覚であり，当事者を困らせたようなことではないと解釈もできる．一方，非当事者女性が回りの人を「風俗店」に誘うとする場面が極めて少ないため，非当事者の性別による認識ズレが生じる可能性が出てくる．二木 [2015] は，差別だと思われる言動に対して，当事者と非当事者には温度差が存在すると述べた．当事者が差別だと感じているものは，非当事者からすると，何の違和感もない場合がある．また，職場における差別言動は，上司などの上下関係が関係し，職場という関係の継続性があるため，より複雑な状況が作られていることが予想される．このように，職場では，当事者ではない同僚の言葉などにより，心理的に追い詰め

られたケースもあり，当事者と非当事者の中，LGBT が困っていることや認識
に対するズレが存在すると考えられる．

　さらに，鈴木・池上 [2020] はカミングアウトの態度受容に関する研究を行っ
た結果，男性異性愛者は，恋愛対象であるか否かにかかわらずカミングアウト
後に親友との交流意図が低下していた．一方，女性異性愛者では，親友からの
カミングアウトの際に恋愛対象であることが告げられると交流意図が低下して
いた．カミングアウトされることにより，当事者との交流意図が男女差により，
変化していることが分かった．このように，LGBT 当事者に対する考えや態度，
性別による差異が存在するように考えられる．非当事者が性差により，当事者
が職場でよく困りそうな問題に対する考え方がそもそも異なることが予想さ
れる．

２．当事者と非当事者の間で見られる差異

　同性愛もしくは性的マイノリティ当事者に関する質的調査は，ジェンダーの
視点やアイデンティティ論，差別問題，同性愛者に関する福祉的研究などが多
い [石原 2012]．だが，そのような研究は，性的マイノリティ当事者を同情す
る含意があり，当事者の生活はどのようになっているのかに焦点を当てている
ものが多い反面，社会全体が性的マイノリティ当事者に対し，どのように考え
ているかについては十分に明らかにされていないと考えられる．従って，現在
日本で勤務している性的マイノリティ当事者と非当事者の間，どのような認識
ズレが存在しているかに注目し，認識ズレ調査研究を行うことにした．

　三成 [2019] は，LGBT 当事者は，就職活動の段階から，職場で実際に働く
際に，様々な問題や困難に直面していると述べた．例として，就職活動の時期
に，トランスジェンダー当事者はジェンダーという壁によく直面する．希望す
る会社の制服，座り方，言葉の使い方などジェンダーに制約され，社会的規制

によく悩まされる．また，就労初期，言葉での攻撃を受けたり，人間関係とハラスメントのような職場での困りごとにより，鬱になったりする恐れも考えられる．さらに，福利厚生の面では，同性パートナーの家族のこと，同性パートナーの子どもへの接し方，適合手術のための休暇などのように当事者からのニーズがある場合，悩みを抱えていることが窺える．だが，急速なイノベーションはマジョリティ側に逆差別を感じさせる危険性もある［四元・千羽 2017］．例えば，イノベーションを創出するために，メリットだけを享受させようとして支援施策を導入すると，特別視する土壌を産み出すことになってしまう．だからこそ，非当事者側は正しい且つ当事者と同等な価値観を持つことが大切だと考えられる．以上のことを踏まえて，以下の研究課題を立て，検証する．

研究課題1：当事者と非当事者男性と非当事者女性の間に，LGBT に対する施策について，認識に差異が存在するか

研究課題2：当事者と非当事者男性と非当事者女性の間に，LGBT に対する一般認識において，差異が存在するか

研究課題3：当事者と非当事者男性と非当事者女性の間に，LGBT 当事者が職場で困っていることについて，認識に差異が存在するか

研究課題4：当事者と非当事者男性と非当事者女性の間に，LGBT 当事者が職場環境に求めているものについて認識に差異が存在するか

3．調査対象者へのアンケート

本章は，LGBT の当事者と非当事者の間で，「LGBT に対する施策」，「LGBT の一般認識」，「LGBT 当事者が職場で困っていること」，「LGBT 当事者が職場環境に求めているもの」に分け，LGBT の一般情報をはじめ，企業が LGBT に対して行われている取り組みに認識ズレが存在するかを検証することを目的

130

とする．LGBT 当事者を特定するために，日本全国20歳からの成人に向け，当事者を特定するスクリーニング調査を行った．合計6000人に，当事者を特定するスクリーニングアンケートを実施した．最終的に，ゲイ65人，レズビアン46人，バイセクシュアル81人，トランスジェンダー58人，計250人のLGBT 当事者に向け本アンケートを実施した．当事者の年齢層に比例し，非当事者も20代〜60代各年齢層，男女50人ずつ，アンケートを配布し，同じく250人分の非当事者データを得られた．さらに，現在日本で仕事していることを前提条件としているため，無職，家庭主婦，学生を排除し，当事者＝194，非当事者＝242（非当事者男性＝124，非当事者女性＝118）といった最終サンプル数となった．

４．認識ズレが存在するかを検証する方法

本章は，LGBT 当事者と非当事者男性と非当事者女性の間に，LGBT の当事者が性的差別行動や困りごとに対する認識の差異が存在するかを検証するため，ピアソンのカイ２乗検定を用いて，検定を行った．本章の比較は，LGBT—非当事者女性，LGBT—非当事者男性，非当事者女性—非当事者男性といった三つのカテゴリーに分け，それぞれの独立性検定を行った．また，LGBT 当事者と非当事者男性と非当事者女性の間の認識ズレ及びLGBT に対する取り組みの評価度合いの違いを分析するため，アンケート項目の中，リッカート尺度を用いた項目は，「LGBT 当事者」，「非当事者男性」，「非当事者女性」といった対応ない３群の中央値を用いてグループ間に差が存在するかという検定も行った．正規性を検定した結果，すべてのデータは正規性が見られなかったため，非正規分布しているデータに差が存在するかを検定するクラスカル・ウォリス検定を用いることにした．また，今回の回答欄の項目に対する理解のない場合，「分からない」を選択可能にしている．その解答に関しては，すべて無効回答とし，比較するデータの中から排除した．

第6章　ダイバーシティマネジメントに対する認識ズレ　*131*

　本章で使用した調査アンケートは，LGBT 職場環境調査を特定非営利活動法人 虹色ダイバーシティ，国際基督教大学ジェンダー研究センターの2015年度から2019年度のアンケート項目を参考し，オリジナルの調査項目で構成されている．LGBT 職場環境調査を特定非営利活動法人 虹色ダイバーシティのホームページにて，調査結果の確認ができるが，非当事者の性別による差異は検討されず，単純な数値比較のみとなっている．また，LGBT に対する施策が行われるべきという前提で調査されている意味合いがあり，根本的に実施する必要性に対する考察は見当たらない．従って，本章は「就職および転職活動」，「仕事およびキャリア構築」，「他の社会側面との関連」，といった三つのカテゴリーに大別し，非当事者をさらに「非当事者男性」と「非当事者女性」に分け，当事者を合わせて，3群の差異を検証する．

5．認識ズレの有無

上述した分析方法を用いた検定結果をまとめた．

5.1. 当事者と非当事者男性と非当事者女性の間に，LGBT に対する施策について，認識に差異が存在するか（表6‐1～表6‐3）

　研究課題1には，小問を三つ設定しており，①「職場で，LGBT に対する施策が必要だと感じますか？」に関して，クラスカル・ウォリス検定を行った結果，三群には差が存在し，非当事者男性と非当事者女性，また非当事者男性とLGBT 当事者といった二つの比較は，有意差（$p<.01$）が見られ，認識の差が見られた．非当事者女性と LGBT 当事者は，有意差が見られなかったため，認識の差があるとは言えない．

　②「企業内で，LGBT に対して行われるべき取り組みについて，必要性を1から10まで点数をつけてください」に関して，まずカイ2乗検定を行った結果，

表6-1　研究課題1 当事者と非当事者男性と非当事者女性の間 カイ2乗

	H1②A						H1②B		
		はい		いいえ		χ^2値		はい	
	n（全体）	n	%	n	%		n（全体）	n	%
LGBT当事者	194	163	84.0%	31	16.0%	8.332**	194	165	85.1%
非当事者女性	118	112	94.9%	6	5.1%		118	114	96.6%
LGBT当事者	194	163	84.0%	31	16.0%	1.28	194	165	85.1%
非当事者男性	124	98	79.0%	26	21.0%		124	98	79.0%
非当事者女性	118	112	94.9%	6	5.1%	13.293**	118	114	96.6%
非当事者男性	124	98	79.0%	26	21.0%		124	98	79.0%

	H1②D						H1②E		
		はい		いいえ		χ^2値		はい	
	n（全体）	n	%	n	%		n（全体）	n	%
LGBT当事者	194	161	83.0%	33	17.0%	4.499**	194	165	85.1%
非当事者女性	118	108	91.5%	10	8.5%		118	112	94.9%
LGBT当事者	194	161	83.0%	33	17.0%	1.514	194	165	85.1%
非当事者男性	124	96	77.4%	28	22.6%		124	102	82.3%
非当事者女性	118	108	91.5%	10	8.5%	9.089**	118	112	94.9%
非当事者男性	124	96	77.4%	28	22.6%		124	102	82.3%

	H1②G						H1②H		
		はい		いいえ		χ^2値		はい	
	n（全体）	n	%	n	%		n（全体）	n	%
LGBT当事者	194	157	80.9%	37	19.1%	2.788	194	165	85.1%
非当事者女性	118	104	88.1%	14	11.9%		118	110	93.2%
LGBT当事者	194	157	80.9%	37	19.1%	1.193	194	165	85.1%
非当事者男性	124	94	75.8%	30	24.2%		124	97	78.2%
非当事者女性	118	104	88.1%	14	11.9%	6.178*	118	110	93.2%
非当事者男性	124	94	75.8%	30	24.2%		124	97	78.2%

※ $*p<0.05$　$**p<0.01$

（出所）筆者作成.

に，LGBT に対する施策について，認識に差異が存在するか
検定結果

いいえ		χ²値	H1②C	はい		いいえ		χ²値
n	%		n（全体）	n	%	n	%	
29	14.9%	10.364**	194	168	86.6%	26	13.4%	8.463**
4	3.4%		118	114	96.6%	4	3.4%	
29	14.9%	1.916	194	168	86.6%	26	13.4%	1.112
26	21.0%		124	102	82.3%	22	17.7%	
4	3.4%	17.203**	118	114	96.6%	4	3.4%	12.987**
26	21.0%		124	102	82.3%	22	17.7%	

いいえ		χ²値	H1②F	はい		いいえ		χ²値
n	%		n（全体）	n	%	n	%	
29	14.9%	7.168**	194	164	84.5%	30	15.5%	5.173*
6	5.1%		118	110	93.2%	8	6.8%	
29	14.9%	0.438	194	164	84.5%	30	15.5%	2.569
22	17.7%		124	96	77.4%	28	22.6%	
6	5.1%	9.467**	118	110	93.2%	8	6.8%	11.921**
22	17.7%		124	96	77.4%	28	22.6%	

いいえ		χ²値	H1②I	はい		いいえ		χ²値
n	%		n（全体）	n	%	n	%	
29	14.9%	4.684*	194	165	85.1%	29	14.9%	3.677
8	6.8%		118	109	92.4%	9	7.6%	
29	14.9%	2.429	194	165	85.1%	29	14.9%	4.993*
27	21.8%		124	93	75.0%	31	25.0%	
8	6.8%	10.989**	118	109	92.4%	9	7.6%	13.227**
27	21.8%		124	93	75.0%	31	25.0%	

134

表6-2　研究課題1 当事者と非当事者男性と非当事者女性の間に，カイ2乗検定

| | H1②J | | | | | | | H1③A | |
| | n（全体） | はい | | いいえ | | χ²値 | n（全体） | はい | |
		n	%	n	%			n	%
LGBT当事者	194	164	84.5%	30	15.5%	4.12*	194	154	79.4%
非当事者女性	118	109	92.4%	9	7.6%		118	100	84.7%
LGBT当事者	194	164	84.5%	30	15.5%	0.812	194	154	79.4%
非当事者男性	124	100	80.6%	24	19.4%		124	97	78.2%
非当事者女性	118	109	92.4%	9	7.6%	7.061**	118	100	84.7%
非当事者男性	124	100	80.6%	24	19.4%		124	97	78.2%

| | H1③C | | | | | | | H1③D | |
| | n（全体） | はい | | いいえ | | χ²値 | n（全体） | はい | |
		n	%	n	%			n	%
LGBT当事者	194	165	85.1%	29	14.9%	0.115	194	163	84.0%
非当事者女性	118	102	86.4%	16	13.6%		118	102	86.4%
LGBT当事者	194	165	85.1%	29	14.9%	0.717	194	97	78.2%
非当事者男性	124	101	81.5%	23	18.5%		124		
非当事者女性	118	102	86.4%	16	13.6%	1.113	118	102	86.4%
非当事者男性	124	101	81.5%	23	18.5%		124	97	78.2%

| | H1③F | | | | | | | H1③G | |
| | n（全体） | はい | | いいえ | | χ²値 | n（全体） | はい | |
		n	%	n	%			n	%
LGBT当事者	194	161	83.0%	33	17.0%	1.041	194	162	83.5%
非当事者女性	118	103	87.3%	15	12.7%		118	104	88.1%
LGBT当事者	194	161	83.0%	33	17.0%	0.504	194	162	83.5%
非当事者男性	124	99	79.8%	25	20.2%		124	92	74.2%
非当事者女性	118	103	87.3%	15	12.7%	2.432	118	104	88.1%
非当事者男性	124	99	79.8%	25	20.2%		124	92	74.2%

| | H1③I | | | | | | | H1③J | |
| | n（全体） | はい | | いいえ | | χ²値 | n（全体） | はい | |
		n	%	n	%			n	%
LGBT当事者	194	157	80.9%	37	19.1%	2.137	194	156	80.4%
非当事者女性	118	103	87.3%	15	12.7%		118	99	83.9%
LGBT当事者	194	157	80.9%	37	19.1%	0.856	194	156	80.4%
非当事者男性	124	95	76.6%	29	23.4%		124	90	72.6%
非当事者女性	118	103	87.3%	15	12.7%	4.632*	118	99	83.9%
非当事者男性	124	95	76.6%	29	23.4%		124	90	72.6%

※ * $p<0.05$　** $p<0.01$

（出所）筆者作成.

LGBT に対する施策について，認識に差異が存在するか

結果（続き）

				H1③B				
いいえ		χ²値		はい		いいえ		χ²値
n	%		n（全体）	n	%	n	%	
40	20.6%	1.395	194	162	83.5%	32	16.5%	1.252
18	15.3%		118	104	88.1%	14	11.9%	
40	20.6%	0.061	194	162	83.5%	32	16.5%	1.395
27	21.8%		124	97	78.2%	27	21.8%	
18	15.3%	1.698	118	104	88.1%	14	11.9%	4.22*
27	21.8%		124	97	78.2%	27	21.8%	

				H1③E				
いいえ		χ²値		はい		いいえ		χ²値
n	%		n（全体）	n	%	n	%	
31	16.0%	0.336	194	158	81.4%	36	18.6%	0.896
16	13.6%		118	101	85.6%	17	14.4%	
27	21.8%	1.703	194	158	81.4%	36	18.6%	2.365
			124	92	74.2%	32	25.8%	
16	13.6%	2.793	118	101	85.6%	17	14.4%	4.866*
27	21.8%		124	92	74.2%	32	25.8%	

				H1③H				
いいえ		χ²値		はい		いいえ		χ²値
n	%		n（全体）	n	%	n	%	
32	16.5%	1.252	194	156	80.4%	38	19.6%	0.597
14	11.9%		118	99	83.9%	19	16.1%	
32	16.5%	4.08*	194	156	80.4%	38	19.6%	3.192
32	25.8%		124	89	71.8%	35	28.2%	
14	11.9%	7.634**	118	99	83.9%	19	16.1%	5.127*
32	25.8%		124	89	71.8%	35	28.2%	

いいえ		χ²値
n	%	
38	19.6%	0.597
19	16.1%	
38	19.6%	2.649
34	27.4%	
19	16.1%	4.528*
34	27.4%	

表6-3 研究課題1 当事者と非当事者男性と非当事者女性のクラスカル・

		H1①			H1②A		
			中央値			中央値	
属性		N	（最小値－最大値）	p	N	（最小値－最大値）	p
性的指向	LGBT 当事者	165	2 （1-5）	**	163	6 （1-10）	
	非LGBT 女性	102	2.5 （1-5）	**	112	5 （1-10）	
	非LGBT 男性	111	3 （1-5）		98	6 （1-10）	

		H1②E			H1②F		
			中央値			中央値	
		N	（最小値－最大値）	p	N	（最小値－最大値）	p
	LGBT 当事者	165	6 （1-10）		164	6 （1-10）	*
性的指向	非LGBT 女性	112	5 （1-10）		110	5 （1-10）	
	非LGBT 男性	102	6 （1-10）		96	6 （1-10）	

		H1②J			H1③A		
			中央値			中央値	
		N	（最小値－最大値）	p	N	（最小値－最大値）	p
	LGBT 当事者	164	5 （1-10）	*	154	5 （1-10）	*
性的指向	非LGBT 女性	109	5 （1-10）		100	5 （1-10）	
	非LGBT 男性	100	6 （1-10）		97	6 （1-10）	

		H1③E			H1③F		
			中央値			中央値	
		N	（最小値－最大値）	p	N	（最小値－最大値）	p
	LGBT 当事者	158	6 （1-10）	*	161	6 （1-10）	
性的指向	非LGBT 女性	101	5 （1-10）	**	103	5 （1-10）	**
	非LGBT 男性	92	6 （1-10）		99	6 （1-10）	

		H1③J		
			中央値	
		N	（最小値－最大値）	p
	LGBT 当事者	156	5 （1-10）	*
性的指向	非LGBT 女性	99	5 （1-10）	**
	非LGBT 男性	90	6 （1-10）	

※ *p<0.05　**p<0.01

※ 2群の比較には，2群間で検定（Dann-Bonferroni の方法）が行われて，その有意確率がボンフェ
を検定（Dann-Bonferroni の方法）で群間比較した.

（出所）筆者作成.

間に，LGBT に対する施策について，認識に差異が存在するか
ウォリス検定結果

H1②B			H1②C			H1②D		
	中央値			中央値			中央値	
N	(最小値-最大値)		N	(最小値-最大値)		N	(最小値-最大値)	
165	6 (1-10) p		168	6 (1-10) p		161	6 (1-10) p	
114	5 (1-10)		114	5 (1-10)		108	5 (1-10)	
98	6 (1-10)		102	6 (1-10)		96	6 (1-10)	

H1②G			H1②H			H1②I		
	中央値			中央値			中央値	
N	(最小値-最大値)		N	(最小値-最大値)		N	(最小値-最大値)	
157	5 (1-10) p		165	6 (1-10) p	*	165	6 (1-10) p	*
104	5 (1-10)		110	5 (1-10)		109	5 (1-10)	*
94	6 (1-10)		97	6 (1-10)		93	6 (1-10)	

H1③B			H1③C			H1③D		
	中央値			中央値			中央値	
N	(最小値-最大値)		N	(最小値-最大値)		N	(最小値-最大値)	
162	6 (1-10) p		165	6 (1-10) p	*	163	6 (1-10) p	*
104	6 (1-10)		102	6 (1-10)	*	102	5 (1-10)	*
97	6 (1-10)		101	7 (1-10)		97	6 (1-10)	

H1③G			H1③H			H1③I		
	中央値			中央値			中央値	
N	(最小値-最大値)		N	(最小値-最大値)		N	(最小値-最大値)	
162	6 (1-10) p		156	5 (1-10) p	*	157	6 (1-10) p	**
104	6 (1-10)		99	5 (1-10)	**	103	5 (1-10)	**
92	6 (1-10)		89	6 (1-10)		95	6 (1-10)	

ローニ調整によって修正される．3群以上の比較にはクラスカル・ウォリス検定後，有意差のあった群を2群間

非当事者男性と非当事者女性は，すべての選択肢の有意差 (p<.01)[2) が見られた．また，非当事者女性と LGBT 当事者は，「経営層の支援宣言および差別禁止の明言化」，「同性パートナーシップ制度の導入および運用」，「相談窓口の設置」，「支援者（アライ）による職場内の運営」，「トランスジェンダーへのサポート」に有意差 (p<.01) が見られ，「当事者の人脈を広げるためのネットワーク」，「LGBT に関する研修を含めた啓発イベント」，「あえて LGBT に特化した取り組みを実施しない」も有意差 (p<.05) が見られた．一方，非当事者男性と LGBT 当事者は，「LGBT 市場向けのサービスの提供」といった選択肢だけ有意差 (p<.05) が見られ，他の選択肢には有意差がすべて見られなかった．続いて，②の必要性の度合いをクラスカル・ウォリス検定で行った結果，非当事者男性と非当事者女性は，「LGBT 市場向けのサービスの提供」の必要性に関する有意差 (p<.05) が見られ，必要性の度合いの差が存在する．非当事者女性と LGBT 当事者は，「当事者の人脈を広げるためのネットワーク」，「LGBT に関する研修を含めた啓発イベント」，「あえて LGBT に特化した取り組みを実施しない」といった四つの選択肢に有意差 (p<.05) が見られ，必要性の度合いの差が存在する．さらに，「LGBT 市場向けのサービスの提供」の独立性が見られなかったものの，必要性の度合いには有意差 (p<.05) が見られた．

　③「LGBT に対する取り組みとして，行政に期待するものはどれですか？1 から10まで点数をつけてください」に関して，カイ 2 乗検定を行った結果，非当事者男性と非当事者女性は，すべての選択肢に有意差が見られなかった．また，非当事者男性と LGBT 当事者は，「LGBT に関する教育を義務化にする」だけ有意差 (p<.05) が見られ，それ以外すべての選択肢は有意差が見られなかった．一方，非当事者女性と LGBT 当事者は，「同性パートナーの配偶者扱い」，「トランスジェンダーの当事者への手術等の金銭的補助」，「LGBT に関する教育を義務化にする」[3)，「レインボーパレードの支援」，「当事者の家族へのサポート」，「あえて LGBT に特化した取り組みを実施しない」といった六つの

選択肢は有意差（$p<.05$）が見られ，上記の項目に関する認識の差が発見された．また，③の期待度の度合いをクラスカル・ウォリス検定で行った結果，非当事者男性と非当事者女性は，「相談窓口の設置」，「支援者（アライ）によるサポート活動」に有意差（$p<.05$）が見られ，「トランスジェンダーの当事者への手術等の金銭的補助」，「当事者の就職支援」，「レインボーパレードの支援」，「当事者の家族へのサポート」，「あえてLGBTに特化した取り組みを実施しない」といった選択肢も有意差（$p<.01$）が見られ，期待度の度合いの差が存在する．非当事者男性とLGBT当事者は，「差別禁止の明言化」，「相談窓口の設置」，「レインボーパレードの支援」，「あえてLGBTに特化した取り組みを実施しない」といった選択肢は有意差（$p<.05$）が見られ，期待度の度合いの差が存在する．非当事者女性とLGBT当事者は，「トランスジェンダーの当事者への手術等の金銭的補助」だけ有意差（$p<.05$）が見られた．

5.2. 当事者と非当事者男性と非当事者女性の間に，LGBTに対する一般認識において，差異が存在するか（表6-4〜表6-6）

研究課題2には，小問を六つ設定しており，①「LGBTフレンドリーの会社でより働きたいと思いますか」に関して，クラスカル・ウォリス検定を行った結果，三群には差が存在し，非当事者男性と非当事者女性，また非当事者男性とLGBT当事者といった二つの比較は，有意差［$p<.01$］が見られ，認識の差が見られた．非当事者女性とLGBT当事者は，有意差が見られなかったため，認識の差があるとは言えない．

②「性的マイノリティに配慮している商品やサービスの企業に興味がありますか」に関して，クラスカル・ウォリス検定を行った結果，三群には差が存在し，すべての比較群を相互に検定した結果，非当事者男性と非当事者女性は有意差（$p<.05$）が見られ，非当事者男性とLGBT当事者，非当事者女性とLGBT当事者は有意差（$p<.01$）が見られ，認識の差が発見された．

140

表6-4 研究課題2 当事者と非当事者男性と非当事者女性のカイ2乗

	H2③A						H2③B		
		はい		いいえ		χ²値		はい	
	n（全体）	n	%	n	%		n（全体）	n	%
LGBT当事者	194	171	88.1%	23	11.9%	12.522**	194	173	89.2%
非当事者女性	118	117	99.2%	1	0.8%		118	117	99.2%
LGBT当事者	194	171	88.1%	23	11.9%	0.366	194	173	89.2%
非当事者男性	124	112	90.3%	12	9.7%		124	113	91.1%
非当事者女性	118	117	99.2%	1	0.8%	9.274**	118	117	99.2%
非当事者男性	124	112	90.3%	12	9.7%		124	113	91.1%

	H2③D						H2③E		
		はい		いいえ		χ²値		はい	
	n（全体）	n	%	n	%		n（全体）	n	%
LGBT当事者	194	170	87.6%	24	12.4%	5.758*	194	166	85.6%
非当事者女性	118	113	95.8%	5	4.2%		118	111	94.1%
LGBT当事者	194	170	87.6%	24	12.4%	0.005	194	166	85.6%
非当事者男性	124	109	87.9%	15	12.1%		124	106	85.5%
非当事者女性	118	113	95.8%	5	4.2%	4.926*	118	111	94.1%
非当事者男性	124	109	87.9%	15	12.1%		124	106	85.5%

	H2③G						H2③H		
		はい		いいえ		χ²値		はい	
	n（全体）	n	%	n	%		n（全体）	n	%
LGBT当事者	194	158	81.4%	36	18.6%	7.101**	194	146	75.3%
非当事者女性	118	109	92.4%	9	7.6%		118	92	78.0%
LGBT当事者	194	158	81.4%	36	18.6%	0.031	194	146	75.3%
非当事者男性	124	100	80.6%	24	19.4%		124	86	69.4%
非当事者女性	118	109	92.4%	9	7.6%	7.061**	118	92	78.0%
非当事者男性	124	100	80.6%	24	19.4%		124	86	69.4%

	H2③J						H2④A		
		はい		いいえ		χ²値		はい	
	n（全体）	n	%	n	%		n（全体）	n	%
LGBT当事者	194	173	89.2%	21	10.8%	2.15	194	34	17.5%
非当事者女性	118	111	94.1%	7	5.9%		118	50	42.4%
LGBT当事者	194	173	89.2%	21	10.8%	0.009	194	34	17.5%
非当事者男性	124	111	89.5%	13	10.5%		124	44	35.5%
非当事者女性	118	111	94.1%	7	5.9%	1.652	118	50	42.4%
非当事者男性	124	111	89.5%	13	10.5%		124	44	35.5%

※*p<0.05 **p<0.01

（出所）筆者作成.

間に，LGBT に対する一般認識において，差異が存在するか

検定結果

H2③C

n	%	χ²値	n（全体）	n	%	n	%	χ²値
いいえ				はい		いいえ		
21	10.8%	11.144**	194	164	84.5%	30	15.5%	1.765
1	0.8%		118	106	89.8%	12	10.2%	
21	10.8%	0.319	194	164	84.5%	30	15.5%	0.001
11	8.9%		124	105	84.7%	19	15.3%	
1	0.8%	8.259**	118	106	89.8%	12	10.2%	1.438
11	8.9%		124	105	84.7%	19	15.3%	

H2③F

n	%	χ²値	n（全体）	n	%	n	%	χ²値
いいえ				はい		いいえ		
28	14.4%	5.324*	194	172	88.7%	22	11.3%	9.613**
7	5.9%		118	116	98.3%	2	1.7%	
28	14.4%	0.000	194	172	88.7%	22	11.3%	0.496
18	14.5%		124	113	91.1%	11	8.9%	
7	5.9%	4.809*	118	116	98.3%	2	1.7%	6.125*
18	14.5%		124	113	91.1%	11	8.9%	

H2③I

n	%	χ²値	n（全体）	n	%	n	%	χ²値
いいえ				はい		いいえ		
48	24.7%	0.297	194	170	87.6%	24	12.4%	0.348
26	22.0%		118	106	89.8%	12	10.2%	
48	24.7%	1.336	194	170	87.6%	24	12.4%	0.896
38	30.6%		124	104	83.9%	20	16.1%	
26	22.0%	2.305	118	106	89.8%	12	10.2%	1.871
38	30.6%		124	104	83.9%	20	16.1%	

H2④B

n	%	χ²値	n（全体）	n	%	n	%	χ²値
いいえ				はい		いいえ		
160	82.5%	23.024**	194	33	17.0%	161	83.0%	0.044
68	57.6%		118	19	16.1%	99	83.9%	
160	82.5%	13.178**	194	33	17.0%	161	83.0%	4.204*
80	64.5%		124	25	20.2%	99	79.8%	
68	57.6%	1.208	118	19	16.1%	99	83.9%	2.911
80	64.5%		124	25	20.2%	99	79.8%	

142

表6-5 研究課題2当事者と非当事者男性と非当事者女性の
カイ2乗検定

| | | H2④C | | | | | | H2④D | | |
| | | はい | | いいえ | | χ^2値 | | はい | | |
	n (全体)	n	%	n	%		n (全体)	n	%
LGBT当事者	194	18	9.3%	176	90.7%	24.629**	194	9	4.6%
非当事者女性	118	37	31.4%	81	68.6%		118	6	5.1%
LGBT当事者	194	18	9.3%	176	90.7%	12.424**	194	9	4.6%
非当事者男性	124	29	23.8%	93	76.2%		124	6	4.8%
非当事者女性	118	37	31.4%	81	68.6%	1.936	118	6	5.1%
非当事者男性	124	29	23.8%	93	76.2%		124	6	4.8%

| | | H2⑤ | | | | | | H2⑥ | | |
| | | はい | | いいえ | | χ^2値 | | はい | | |
	n (全体)	n	%	n	%		n (全体)	n	%
LGBT当事者	194	48	24.7%	146	75.3%	12.83**	194	108	55.7%
非当事者女性	118	10	8.5%	108	91.5%		118	88	74.6%
LGBT当事者	194	48	24.7%	146	75.3%	9.92**	194	108	55.7%
非当事者男性	124	13	10.5%	111	89.5%		124	64	51.6%
非当事者女性	118	10	8.5%	108	91.5%	0.284	118	88	74.6%
非当事者男性	124	64	10.5%	111	89.5%		124	64	51.6%

※*p<0.05 **p<0.01

(出所) 筆者作成.

間に，LGBT に対する一般認識において，差異が存在するか
結果（続き）

				H2④E					
いいえ		χ²値		はい		いいえ		χ²値	
n	%		n（全体）	n	%	n	%		
185	95.4%	0.032	194	30	15.5%	164	84.5%	1.655	
112	94.9%		118	25	21.2%	93	78.8%		
185	95.4%	0.007	194	30	15.5%	164	84.5%	0.053	
118	95.2%		124	18	14.5%	106	85.5%		
112	94.9%	0.008	118	25	21.2%	93	78.8%	1.841	
118	95.2%		124	18	14.5%	106	85.5%		

いいえ		χ²値
n	%	
86	44.3%	11.229**
30	25.4%	
86	44.3%	0.501
60	48.4%	
30	25.4%	13.649**
60	48.4%	

表6-6 研究課題2当事者と非当事者男性と非当事者女性の
クラスカル・

		H2①			H2②		
		中央値			中央値		
属性		N	(最小値−最大値)		N	(最小値−最大値)	
	LGBT 当事者	173	3（1−5）	p **	177	3（1−5）	p ** **
性的指向	非LGBT 女性	100	3（1−5）	**	110	3（1−5）	*
	非LGBT 男性	115	3（1−5）		119	4（1−5）	

		H2③D		H2③E	
		中央値		中央値	
		N	(最小値−最大値) p	N	(最小値−最大値) p
	LGBT 当事者	170	6（1−10）	166	6（1−10）
性的指向	非LGBT 女性	113	6（1−10）	111	6（1−10）
	非LGBT 男性	109	6（1−10）	106	6（1−10）

		H2③I		H2③J	
		中央値		中央値	
		N	(最小値−最大値) p	N	(最小値−最大値) p
	LGBT 当事者	170	6（1−10）	173	6（1−10）
性的指向	非LGBT 女性	106	6（1−10）	111	6（1−10）
	非LGBT 男性	104	6（1−10）	111	6（1−10）

※＊$p<0.05$　＊＊$p<0.01$

※2群の比較には，2群間で検定（Dann-Bonferroni の方法）が行われて，その有意確率がボンフェ
を検定（Dann-Bonferroni の方法）で群間比較した.

（出所）筆者作成.

③「就職活動の際，以下のことをどの程度重要視しますか」に関して，カイ
2乗検定を行った結果，非当事者男性と非当事者女性，非当事者女性と LGBT
当事者は，「会社のビジョンと社風」と「社会貢献」に有意差（$p<.05$）が見ら
れ，「仕事内容」，「給料」，「職場の雰囲気」[4]，「会社の知名度」といった選択肢
も有意差（$p<.01$）が見られた．他の選択肢は有意差が見られなかった．非当
事者男性と LGBT 当事者は，すべての選択肢の有意差が見られなかった．さ
らに，各選択肢の重視度の度合いをクラスカル・ウォリス検定で行った結果，
すべての比較群は有意差が見られなかったため，重視度の度合いに差があると

間に，LGBT に対する一般認識において，差異が存在するか
ウォリス検定結果

H2③A			H2③B			H2③C		
	中央値			中央値			中央値	
N	（最小値-最大値）	p	N	（最小値-最大値）	p	N	（最小値-最大値）	p
171	6（1-10）		173	7（1-10）		164	6（1-10）	
117	7（1-10）		117	7（1-10）		106	6（1-10）	
113	6（1-10）		112	6（1-10）		105	6（1-10）	
H2③F			H2③G			H2③H		
	中央値			中央値			中央値	
N	（最小値-最大値）	p	N	（最小値-最大値）	p	N	（最小値-最大値）	p
172	6（1-10）		158	6（1-10）		146	5（1-10）	
116	7（1-10）		109	6（1-10）		92	5（1-10）	
113	6（1-10）		100	6（1-10）		86	5（1-10）	

ローニ調整によって修正される．3群以上の比較にはクラスカル・ウォリス検定後，有意差のあった群を2群間

言えない結果となった．

　④「現時点で，自分が性的指向を伝えている範囲を教えてください」に関して，カイ2乗検定を行った結果，非当事者男性と LGBT 当事者は，「性的マイノリティではない友人」は有意差（$p<.05$）が見られ「，性的マイノリティの友人」，「家族」といった選択肢も有意差（$p<.01$）が見られ，認識の差が存在する．非当事者女性と LGBT 当事者は，「性的マイノリティの友人」，「家族」といった二つの選択肢は有意差（$p<.01$）が見られ，認識の差が存在する．非当事者男性と非当当事者女性は，すべての選択肢の有意差が見られなかった．

⑤「あなたの現在（もしくは過去）の職場において，性的マイノリティである，または，性的マイノリティであると思われる同僚，上司，部下を知っていますか」に関して，カイ2乗検定を行った結果，非当事者男性とLGBT当事者，非当事者女性とLGBT当事者は，有意差（$p<.01$）が見られ，認識の差が存在する．非当事者男性と非当事者女性は，有意差が見られなかったため，差があると言えない結果となった．

⑥「転職の経験はありますか」に関して，カイ2乗検定を行った結果，非当事者女性とLGBT当事者，非当事者男性と非当事者女性は，有意差（$p<.01$）が見られ，転職の経験の差が存在する．非当事者男性とLGBT当事者には有意差が見られなかった．

5.3. 当事者と非当事者男性と非当事者女性の間に，LGBT当事者が職場で困っていることについて，認識に差異が存在するか（表6-7〜表6-9）

研究課題3には，小問を五つ設定しており，当事者のみ表示された設問である①「仕事を行う際，性的指向により精神的に病気になりましたか」について，「特に健康上の問題はない」という回答者が計155名であり，250名の当事者の中では，62％となった．仕事をしている当事者で統計すると，「特に健康上の問題はない」という回答者が計114名であり，194名の仕事している当事者の中では約58％となった．仕事をすることが健康上に何らかの影響を与える可能性が窺える．

②「カミングアウトした後，もしくはカミングアウトできた後，どのような変化があると思いますか」に関して，LGBT当事者がカミングアウトした後，もしくはカミングアウトできた後，変化があるかという設問に対し，カイ2乗検定を行った結果，非当事者男性とLGBT当事者，非当事者女性とLGBT当事者は，有意差（$p<.01$）が見られ，認識の差が存在する．非当事者男性と非

当事者女性は，有意差が見られなかった．しかし，選択肢ごとに検定を行った結果，非当事者男性とLGBT当事者は，「当事者が周りの人との距離が離れた」，「当事者が仕事の効率が悪くなった」といった二つの選択肢に有意差（$p<.01$）が見られ，認識の差が存在する．非当事者女性とLGBT当事者は，「当事者が周りの人との距離が縮まった」，「当事者が周りの人との距離が離れた」[5]，「当事者が仕事の効率が悪くなった」，「ストレスが増えた」といった選択肢は有意差（$p<.05$）が見られ，認識の差が存在する．非当事者男性と非当事者女性は，すべての選択肢は有意差が見られなかったため，認識の差があるとは言えない．

③「カミングアウトできないことや性的指向に関することによって，転職活動をしようと思いますか」に関して，クラスカル・ウォリス検定を行った結果，三群には差が存在し，非当事者男性とLGBT当事者，非当事者女性とLGBT当事者といった二つの比較は，有意差（$p<.01$）が見られ，認識の差が見られた．非当事者男性と非当事者女性は，有意差が見られなかったため，認識の差があるとは言えない．

④「現在もしくは過去，あなたの職場で，見聞きした性的マイノリティに関する差別的な言動で当事者の困り具合を教えてください」に関して，カイ2乗検定を行った結果，非当事者男性と非当事者女性は，「誰がLGBT当事者などと噂する」，「カミングアウト後，昇進の機会がなくなる」以外のすべての選択肢は有意差[6]（$p<.05$）が見られ，認識の差が存在する．非当事者男性とLGBT当事者は，「結婚の予定と恋人有無のむやみに確認する」といった選択肢に有意差（$p<.05$）が見られ，認識の差が存在する．それ以外すべての選択肢は，有意差が見られなかった．非当事者女性とLGBT当事者は，すべての選択肢も有意差が見られなかったため，認識に差があると言えない．さらに，困り度の度合いをクラスカル・ウォリス検定で行った結果，3群に有意差が見られなかったため，困り度の度合いに差が存在するとは言えない．

⑤「あなたの就職・転職活動において，自分のセクシュアリティ（性自認，

表6-7　研究課題3 当事者と非当事者男性と非当事者女性の間に，LG
カイ2乗

H3②		はい		いいえ		χ²値	H3②A	はい	
	n (全体)	n	%	n	%		n (全体)	n	%
LGBT 当事者	194	121	62.4%	73	37.6%	28.236**	194	13	6.7%
非当事者女性	118	37	31.4%	81	68.6%		118	17	14.4%
LGBT 当事者	194	121	62.4%	73	37.6%	32.026**	194	13	6.7%
非当事者男性	124	37	29.8%	87	70.2%		124	13	10.5%
非当事者女性	118	37	31.4%	81	68.6%	0.066	118	17	14.4%
非当事者男性	124	37	29.8%	87	70.2%		124	13	10.5%

H3②C		はい		いいえ		χ²値	H3②D	はい	
	n (全体)	n	%	n	%		n (全体)	n	%
LGBT 当事者	194	16	8.2%	178	91.8%	1.88	194	19	9.8%
非当事者女性	118	5	4.2%	113	95.8%		118	3	2.5%
LGBT 当事者	194	16	8.2%	178	91.8%	2.179	194	19	9.8%
非当事者男性	124	5	4.0%	119	96.0%		124	2	1.6%
非当事者女性	118	5	4.2%	113	95.8%	0.006	118	3	2.5%
非当事者男性	124	5	4.0%	119	96.0%		124	2	1.6%

H3②F		はい		いいえ		χ²値	H3④A	はい	
	n (全体)	n	%	n	%		n (全体)	n	%
LGBT 当事者	194	8	4.1%	186	95.9%	1.395	194	159	82.0%
非当事者女性	118	2	1.7%	116	98.3%		118	102	86.4%
LGBT 当事者	194	8	4.1%	186	95.9%	0.002	194	159	82.0%
非当事者男性	124	5	4.0%	119	96.0%		124	90	72.6%
非当事者女性	118	2	1.7%	116	98.3%	1.176	118	102	86.4%
非当事者男性	124	5	4.0%	119	96.0%		124	90	72.6%

H3④C		はい		いいえ		χ²値	H3④D	はい	
	n (全体)	n	%	n	%		n (全体)	n	%
LGBT 当事者	194	160	82.5%	34	17.5%	1.284	194	159	82.0%
非当事者女性	118	103	87.3%	15	12.7%		118	100	84.7%
LGBT 当事者	194	160	82.5%	34	17.5%	1.636	194	159	82.0%
非当事者男性	124	95	76.6%	29	23.4%		124	93	75.0%
非当事者女性	118	103	87.3%	15	12.7%	4.632*	118	100	84.7%
非当事者男性	124	95	76.6%	29	23.4%		124	93	75.0%

※*p<0.05　**p<0.01

(出所) 筆者作成.

BT 当事者が職場で困っていることについて，認識に差異が存在するか 検定結果

H3②B

いいえ n	%	χ²値	n（全体）	はい n	%	いいえ n	%	χ²値
181	93.3%	5.013*	194	52	26.8%	142	73.2%	18.941**
101	85.6%		118	8	6.8%	110	93.2%	
181	93.3%	1.442	194	52	26.8%	142	73.2%	18.643**
111	89.5%		124	9	7.3%	115	92.7%	
101	85.6%	0.857	118	8	6.8%	110	93.2%	0.021
111	89.5%		124	9	7.3%	115	92.7%	

H3②E

いいえ n	%	χ²値	n（全体）	はい n	%	いいえ n	%	χ²値
175	90.2%	5.887*	194	32	16.5%	162	83.5%	6.196*
115	97.5%		118	8	6.8%	110	93.2%	
175	90.2%	8.209**	194	32	16.5%	162	83.5%	2.949
112	98.4%		124	12	9.7%	112	90.3%	
115	97.5%	0.258	118	8	6.8%	110	93.2%	0.67
112	98.4%		124	12	9.7%	112	90.3%	

H3④B

いいえ n	%	χ²値	n（全体）	はい n	%	いいえ n	%	χ²値
35	18.0%	1.078	194	154	79.4%	40	20.6%	3.159
16	13.6%		118	103	87.3%	15	12.7%	
35	18.0%	3.916*	194	154	79.4%	40	20.6%	0.563
34	27.4%		124	94	75.8%	30	24.2%	
16	13.6%	7.086**	118	103	87.3%	15	12.7%	5.266*
34	27.4%		124	94	75.8%	30	24.2%	

H3④E

いいえ n	%	χ²値	n（全体）	はい n	%	いいえ n	%	χ²値
35	18.0%	0.404	194	157	80.9%	37	19.1%	1.581
18	15.3%		118	102	86.4%	16	13.6%	
35	18.0%	2.227	194	157	80.9%	37	19.1%	2.019
31	25.0%		124	92	74.2%	32	25.8%	
18	15.3%	3.556	118	102	86.4%	16	13.6%	5.704*
31	25.0%		124	92	74.2%	32	25.8%	

150

表6-8 研究課題3 当事者と非当事者男性と非当事者女性の間に，LGBT当事者が職

		H3④F						H3④G		
		はい		いいえ		χ^2値		はい		
	n（全体）	n	％	n	％		n（全体）	n	％
LGBT当事者	194	160	82.5%	34	17.5%	0.106	194	160	82.5%
非当事者女性	118	99	83.9%	19	16.1%		118	104	88.1%
LGBT当事者	194	160	82.5%	34	17.5%	2.092	194	160	82.5%
非当事者男性	124	94	75.8%	30	24.2%		124	97	78.2%
非当事者女性	118	99	83.9%	19	16.1%	2.452	118	104	88.1%
非当事者男性	124	94	75.8%	30	24.2%		124	97	78.2%

※ ＊p＜0.05　＊＊p＜0.01

（出所）筆者作成.

表6-9 研究課題3 当事者と非当事者男性と非当事者女性の間に，LG
クラスカル・

		H3③			H3④A		
		中央値			中央値		
属性		N	（最小値-最大値）		N	（最小値-最大値）	
	LGBT当事者	156	3（1-5）		159	5（1-10）	p
性的指向	非LGBT女性	71	3（1-5）	＊＊	102	6（1-10）	
	非LGBT男性	89	3（1-5）	＊＊	90	6（1-10）	
		H3④E			H3④F		
		中央値			中央値		
		N	（最小値-最大値）		N	（最小値-最大値）	
	LGBT当事者	157	5（1-10）	p	160	6（1-10）	p
性的指向	非LGBT女性	102	5（1-10）		99	5（1-10）	
	非LGBT男性	92	6（1-10）		94	6（1-10）	

※ ＊p＜0.05　＊＊p＜0.01

※ 2群の比較には，2群間で検定（Dann-Bonferroniの方法）が行われて，その有意確率がボンフェ
を検定（Dann-Bonferroniの方法）で群間比較した.

（出所）筆者作成.

第6章　ダイバーシティマネジメントに対する認識ズレ　*151*

場で困っていることについて，認識に差異が存在するかカイ2乗検定結果（続き）

いいえ		χ^2値
n	%	
34	17.5%	1.806
14	11.9%	
34	17.5%	0.881
27	21.8%	
14	11.9%	4.220*
27	21.8%	

BT当事者が職場で困っていることについて，認識に差異が存在するか ウォリス検定結果

H3④B		H3④C		H3④D	
中央値		中央値		中央値	
N（最小値－最大値）		N（最小値－最大値）		N（最小値－最大値）	
154	5（1-10）p	160	6（1-10）p	159	5（1-10）p
102	5（1-10）	103	5（1-10）	100	5（1-10）
94	6（1-10）	95	6（1-10）	93	6（1-10）

H3④G		H3⑤	
中央値		中央値	
N（最小値－最大値）		N（最小値－最大値）	
160	6（1-10）p	162	3（1-5）p*
104	5.5（1-10）	85	2（1-5）**
97	6（1-10）	93	3（1-5）

ローニ調整によって修正される．3群以上の比較にはクラスカル・ウォリス検定後，有意差のあった群を2群間

性的指向など）やパートナーに関連して，困難に思うことがあるか教えてください」に関して，クラスカル・ウォリス検定を行った結果，三群には差が存在し，非当事者男性とLGBT当事者は有意差（$p<.05$）が見られ，非当事者女性とLGBT当事者は，有意差（$p<.01$）が見られた．認識の差が見られた．非当事者男性と非当事者女性は，有意差が見られなかったため，認識の差があるとは言えない．

5.4. 当事者と非当事者男性と非当事者女性の間に，LGBT当事者が職場環境に求めているものについて認識に差異が存在するか（表6-10, 表6-11）

研究課題4には，小問を八つ設定しており，①「より多くの当事者がカミングアウトすることにより，社会のLGBTに対する態度が変わると思いますか」に関して，クラスカル・ウォリス検定を行った結果，三群には差が存在し，非当事者女性とLGBT当事者は，有意差（$p<.05$）が見られ，認識の差が見られた．

②「もしLGBT当事者にカミングアウトされると，その人と一緒に働くのは不安に思いますか」に関しても，同じく非当事者女性とLGBT当事者は，有意差（$p<.01$）が見られ，認識の差が見られた．非当事者男性とLGBT当事者，非当事者男性と非当事者女性は有意差が見られなかったため，認識の差があるとは言えない．

③「周りのLGBTの当事者がカミングアウトすると，自分（当事者）もカミングアウトしようと思いますか？　もしくは，他の当事者もカミングアウトするようになると思いますか」と⑤「現在もしくは過去，あなたの職場はカミングアウトできる職場環境だと思いますか」について，クラスカル・ウォリス検定を行った結果，すべての比較群は有意差が見られなかったため，この二つの設問に関する認識の差があるとは言えない．

④「カミングアウトできたら，LGBTの当事者の労働効率が上がると思いま

すか」に関して，クラスカル・ウォリス検定を行った結果三群には差が存在し，非当事者男性と LGBT 当事者は，有意差（$p<.05$）が見られ，非当事者女性と LGBT 当事者は，有意差（$p<.01$）が見られ，認識の差が見られた．非当事者男性と非当事者女性は，有意差が見られなかったため，認識の差があるとは言えない．

⑥「LGBT の当事者がカミングアウトに至るまでどのような影響を受けた，もしくは受けると思いますか」に関して，カイ 2 乗検定を行った結果，非当事者男性と LGBT 当事者は，「周りの LGBT の友人」，「政府機関の声明」，「学習内容」といった選択肢は有意差（$p<.05$）が見られ，認識の差が存在する．他のすべての選択肢は有意差が見られなかった．非当事者女性と LGBT 当事者，非当事者男性と非当事者女性は，すべての選択肢に有意差が見られなかった．さらに，影響度の度合いをクラスカル・ウォリス検定で行った結果，非当事者男性と LGBT 当事者は，「周りの LGBT の友人」に有意差（$p<.01$）が見られ，影響度の度合いに差が存在する．「LGBT ではない友人」，「家族」[7]といった選択肢に対する認識の差に対する有意差が見られなかった一方，影響度の度合いの差の有意差（$p<.05$）が見られた．非当事者女性と LGBT 当事者，非当事者男性と非当事者女性は，すべての選択肢に有意差が見られなかった．

⑦「あなたの現在の職場には，LGBT について理解し，支援する人（アライ）がいるか，お答えください」について，カイ 2 乗検定を行った結果，すべての比較群は有意差が見られなかったため，この小問に関する認識の差があるとは言えない．

⑧「LGBT に対する企業の取り組みに関して他に何か意見や感想がありましたら，自由にご記入ください」に関して，当事者と非当事者から，数多くの個別な要望と意見を回収できた．当事者は，「多様性を認めてあげてほしい」，「LGBT は難しい問題かもしれないけど，男と女だけで性を分ける時代は終わって，多種多様な人が存在する事を理解するべき．LGBT である事は隠すべき事

表6-10　研究課題4 当事者と非当事者男性と非当事者女性の間に，LGB
カイ2乗

| | | H4⑥A | | | | | | H4⑥B | |
| | | はい | | いいえ | | χ^2値 | | はい | |
	n（全体）	n	%	n	%		n（全体）	n	%
LGBT当事者	194	161	83.0%	33	17.0%	0.032	194	153	78.9%
非当事者女性	118	97	82.2%	21	17.8%		118	91	77.1%
LGBT当事者	194	161	83.0%	33	17.0%	5.66*	194	153	78.9%
非当事者男性	124	89	71.8%	35	28.2%		124	87	70.2%
非当事者女性	118	97	82.2%	21	17.8%	3.698	118	91	77.1%
非当事者男性	124	89	71.8%	35	28.2%		124	87	70.2%
		H4⑥D						H4⑥E	
		はい		いいえ		χ^2値		はい	
	n（全体）	n	%	n	%		n（全体）	n	%
LGBT当事者	194	159	82.0%	35	18.0%	0.102	194	159	82.0%
非当事者女性	118	95	80.5%	23	19.5%		118	95	80.5%
LGBT当事者	194	159	82.0%	35	18.0%	2.743	194	159	82.0%
非当事者男性	124	92	74.2%	32	25.8%		124	92	74.2%
非当事者女性	118	95	80.5%	23	19.5%	1.373	118	95	80.5%
非当事者男性	124	92	74.2%	32	25.8%		124	92	74.2%
		H4⑥G						H4⑥H	
		はい		いいえ		χ^2値		はい	
	n（全体）	n	%	n	%		n（全体）	n	%
LGBT当事者	194	159	82.0%	35	18.0%	0.253	194	157	80.9%
非当事者女性	118	94	79.7%	24	20.3%		118	89	75.4%
LGBT当事者	194	159	82.0%	35	18.0%	2.743	194	157	80.9%
非当事者男性	124	92	74.2%	32	25.8%		124	87	70.2%
非当事者女性	118	94	79.7%	24	20.3%	1.016	118	89	75.4%
非当事者男性	124	92	74.2%	32	25.8%		124	87	70.2%

※＊p＜0.05　＊＊p＜0.01

（出所）筆者作成.

T当事者が職場環境に求めているものについて認識に差異が存在するか
検定結果

H4⑥C								
いいえ		χ²値		はい		いいえ		χ²値
n	%		n（全体）	n	%	n	%	
41	21.1%	0.131	194	160	82.5%	34	17.5%	0.017
27	22.9%		118	98	83.1%	20	16.9%	
41	21.1%	3.096	194	160	82.5%	34	17.5%	3.756
37	29.8%		124	91	73.4%	33	26.6%	
27	22.9%	1.505	118	98	83.1%	20	16.9%	3.301
37	29.8%		124	91	73.4%	33	26.6%	

H4⑥F								
いいえ		χ²値		はい		いいえ		χ²値
n	%		n（全体）	n	%	n	%	
35	18.0%	0.102	194	159	82.0%	35	18.0%	3.585
23	19.5%		118	86	72.9%	32	27.1%	
35	18.0%	2.743	194	159	82.0%	35	18.0%	3.916*
32	25.8%		124	90	72.6%	34	27.4%	
23	19.5%	1.373	118	86	72.9%	32	27.1%	0.003
32	25.8%		124	90	72.6%	34	27.4%	

H4⑦								
いいえ		χ²値		はい		いいえ		χ²値
n	%		n（全体）	n	%	n	%	
37	19.1%	1.333	194	110	56.7%	84	43.3%	0.094
29	24.6%		118	69	58.5%	49	41.5%	
37	19.1%	4.911*	194	110	56.7%	84	43.3%	0.909
37	29.8%		124	77	62.1%	47	37.9%	
29	24.6%	0.844	118	10	8.5%	108	91.5%	0.331
37	29.8%		124	77	62.1%	47	37.9%	

表6-11 研究課題4 当事者と非当事者男性と非当事者女性の間に，LG
クラスカル・

		H4①			H4②		
			中央値			中央値	
属性		N	(最小値-最大値)		N	(最小値-最大値)	
	LGBT 当事者	169	3 (1-5)	p *	170	4 (1-5)	p **
性的指向	非LGBT 女性	89	3 (1-5)		89	4 (1-5)	
	非LGBT 男性	99	3 (1-5)		102	4 (1-5)	

		H4⑥A			H4⑥B		
			中央値			中央値	
		N	(最小値-最大値)		N	(最小値-最大値)	
	LGBT 当事者	161	5 (1-10)	p *	153	5 (1-10)	p *
性的指向	非LGBT 女性	97	6 (1-10)		91	5 (1-10)	
	非LGBT 男性	89	6 (1-10)		87	6 (1-10)	

		H4⑥F			H4⑥G		
			中央値			中央値	
		N	(最小値-最大値)		N	(最小値-最大値)	
	LGBT 当事者	159	5 (1-10)	p	159	6 (1-10)	p
性的指向	非LGBT 女性	86	6 (1-10)		94	6 (1-10)	
	非LGBT 男性	90	6 (1-10)		92	6 (1-10)	

※＊p＜0.05　＊＊p＜0.01
※2群の比較には，2群間で検定（Dann-Bonferroni の方法）が行われて，その有意確率がボンフェ
を検定（Dann-Bonferroni の方法）で群間比較した．

（出所）筆者作成．

でもないし，人間として普通の事だと思う.」などのように，多様性を認めて
ほしいという声が上がっており，多様性の中に一つの属性として理解する必要
があると思われる．一方，非当事者は，「周りに感じたことがないので実際の
場面になったら分からない.」，「周りにそう言った人が居ないのでよく分から
ない.」などが挙げられる．当事者は多様性が承認されたい要求が多いに対し，
非当事者側は，周りに当事者がいないことを主張する．LGBT そのものから
LGBT の取り組みまで，どのように理解すべきなのかを困惑する場面が多く見
受けられる．他の記述を今後の展開にて説明を行う．

BT 当事者が職場環境に求めているものについて認識に差異が存在するか
ウォリス検定結果

H4③		H4④		H4⑤	
中央値		中央値		中央値	
N	(最小値–最大値) p	N	(最小値–最大値) p	N	(最小値–最大値) p
171	3 (1–5)	160	3 (1–5) *	166	3 (1–5)
91	3 (1–5)	86	3 (1–5) **	89	3 (1–5)
101	3 (1–5)	99	3 (1–5)	99	3 (1–5)

H4⑥C		H4⑥D		H4⑥E	
中央値		中央値		中央値	
N	(最小値–最大値) p	N	(最小値–最大値) p	N	(最小値–最大値) p
160	5 (1–10) *	159	6 (1–10)	159	6 (1–10)
98	6 (1–10)	95	5 (1–10)	95	6 (1–10)
91	6 (1–10)	92	6 (1–10)	92	6 (1–10)

H4⑥H	
中央値	
N	(最小値–最大値) p
157	6 (1–10)
89	5 (1–10)
87	6 (1–10)

ローニ調整によって修正される．3 群以上の比較にはクラスカル・ウォリス検定後，有意差のあった群を 2 群間

6．見えない「当たり前の隣人」

　分析結果を踏まえて，「就職および転職活動」，「仕事およびキャリア構築」，「他の社会側面との関連」といった三つのカテゴリーに分け，それぞれで得られた新しい知見と結果をまとめてみた．

6.1.「就職および転職活動」：他の側面に重点を置く

就職活動の際，重要視している項目ごとの検定結果により，「仕事内容，給料，会社のビジョンと社風，社会貢献，職場の雰囲気，会社の知名度，海外で仕事できる」に関して，LGBT 当事者は非当事者女性ほど重要視していないことが分かった．また，当事者は非当事者男性と非当事者女性に比べ，比較的転職意欲は少ないことが明らかになった．社会的にマイノリティ側面を持つ労働者の転職や離職に伴う変化として，経済的不利な立場が［宮崎ほか 2021］挙げられる．性的マイノリティという側面を持つ LGBT 当事者は，転職後の職場に馴染めるか，給料面で前職と同じなのかといった心配を抱えることが予想される．それにより，LGBT 当事者は性的マイノリティという側面を有するが，転職において第一優先の側面ではないように考えられる．仮に，就職活動または転職活動をするとなったとしても，「就職・転職活動において，自分のセクシュアリティ（性自認，性的指向など）やパートナーに関連して，困難に思うか」の調査結果では，性的マイノリティは当事者にとって，非当事者男性と非当事者女性が考えるほど就職・転職活動中に支障があると思わないことが明らかになった．全体的に考えると，当事者は非当事者男女に比べ，転職経験も少なく，仕事を探す際に，性的マイノリティで非当事者男女が考えているほど悩まされていないことが分かった．

一方，非当事者女性と非当事者男性に比べ，LGBT 当事者は LGBT フレンドリーの会社でより働きたいと考える傾向が高い．当事者は LGBT フレンドリーの会社で働きたいため，会社内部が LGBT 当事者に友好的であるかというところは重要になってくる．柳沢ほか［2015］は，性的マイノリティ当事者は，それ以外の人々と比較するとうつ傾向が高く，ダイバーシティ意識の高い企業で働いている LGBT は，意識の低い企業での就労意欲より高いということを明らかにした．それにより，LGBT 当事者は LGBT フレンドリーの会社での勤務意欲は高いことが分かる．また，職場の人間関係より，実際に仕事す

る際，LGBT であることによって差別されるかどうかは重要なポイントになってくる．平森 [2015] は，性的マイノリティ当事者が職場における困難の分析を行い，職場での差別行動は当事者の勤務意欲に影響を与える要因として存在すると指摘した．差別行動が少ないほど，当事者の意欲が高くなることが明らかになった．従って，就職と転職する際に直面する問題の改善に重点を置くより，仕事を行う際の差別行動だと考えられるようなことが如何に解消できるかは，日本企業がより急ぐべきだと解釈できる．就職活動や転職活動による悩みを解消する前に，如何に平等な職場環境を作れるかに力を入れるべきだと考える．

6.2. 「仕事およびキャリア構築」：カミングアウト問題

　仕事を行う際，カミングアウト問題が多く議論されてきたが，本章ではカミングアウトをした後の変化について検定を行った．結果として，非当事者男性と非当事者女性に比べ，当事者はカミングアウト後に変化があると思う，もしくは変化があったことが明らかになった．どのような変化があるかについて検定した結果では，当事者と非当事者女性に，「当事者が周りの人との距離が縮まった」，「当事者が周りの人との距離が離れた」，「当事者が仕事の効率が悪くなった」，「ストレスが増えた」に差があると分かった．当事者と非当事者男性に，「当事者が周りの人との距離が離れた」，「当事者が仕事の効率が悪くなった」に差があると分かった．しかし，得られたすべての結果は当事者がネガティブな方向に考え，非当事者男女はポジティブな方向に考えることが分かった．

　また，LGBT 当事者がカミングアウトに至るまで受けた影響に関して，「周りの LGBT 友人，政府機関の声明，学習内容」といった選択肢では，非当事者男性と当事者の間に差が存在し，当事者が影響を受ける傾向があるのに対し，非当事者男性が影響はないと思っていることが明らかになった．非当事者男性は，当事者の周りの影響や社会からの承認が当事者にとってカミングアウトの

重要な要素になっているという認識に至らなかった．さらに，「カミングアウトできたら，LGBT当事者の労働効率が上がると思うか」といった個別な小問に関して，非当事者男性及び非当事者女性に比べ，当事者は比較的に思わない結果となった．第3章ですでに述べたように，まだ性的マイノリティの当事者が完全に受け入れられていない現在の社会風潮において，あえてカミングアウトすることは，当事者にとって大きなリスクを抱えることになる．カミングアウトした後，職場という外部環境がマイナスになる要素が多いと当事者が考えるため，非当事者が考えるほど，当事者はカミングアウトをプラスの方向に考えていないと言えよう．

　しかし，LGBT当事者にとってカミングアウトは健康生活において欠かせないことであり［Eliason & Schope 2007］，カミングアウトするか否か，職場でどのようにカミングアウトしたら，効率が上がるかの研究も行われた［Tsai et al. 2015］．カミングアウトそのものは重要且つ有意義なことだと思われるが，森永［2018］は，職場内のカミングアウトに関して，カミングアウトしなくても働きやすい環境づくりを目指すべきだと指摘している．また，「LGBT意識行動調査2016」により，仕事や生活に支障がなければカミングアウトしたいかという問いに，58.5％の当事者は否定的な回答をし，過半数の当事者は支障があるかないかにかかわらず，「カミングアウトしない」と選んだことが明らかになった．[8] そのため，カミングアウト率を職場の多様性を図る測定値として用いることは不適切だと言えよう．今まで当事者にカミングアウトを要求することを問う場面がなかったが，本当に職場でカミングアウトする必要があるかということを再考すべきである．職場は，あくまでもカミングアウトという行為をする場所の選択の中の一つであり，職場でカミングアウトしてもいい，しなくてもいいという自由な選択権はより当事者に近いニーズであり，そのような職場を如何に作っていけるかを考えるべきである．

6.3. 「他の社会側面との関連」：数多く存在する「誤解」

　職場という社会側面のほか，非当事者は当事者の生活上における他の側面に関する「誤解」が数多く存在する．また，「誤解」を「過剰な認識」と「配慮の欠如」に分けることができる．過剰な認識として，当事者に比べ，非当事者女性はより多くの当事者がカミングアウトすることにより，社会はLGBTに対する態度が変わると思う傾向があると分かった．また，「トランスジェンダーの当事者への手術等の金銭的補助」に関して，当事者は非当事者男性が考えるほど期待していないことが明らかになった．さらに，性的指向を伝える対象に関しても，当事者の身近の対象に関する認識ズレが最も激しかった．実際に，当事者は身近な人に伝えていないにも関わらず，非当事者は伝えていると考えてしまっている．第4章で述べたように，Wei & Liu [2019] は，中国のLGBT学生にアンケートした結果，多くの人が学校ではカミングアウトしているにもかかわらず，家族，兄弟，先生にカミングアウトしていないことが明らかにした．当事者が社会環境に合わせ，カミングアウトする場面が見受けられるが，家族という社会側面になると，カミングアウトすることを懸念する傾向があると明らかになった．そのほか，「性別変更を希望する子どもを簡単には受け入れることができない」と語っていた母親は，幼少期からの子どもとの関係性や母親自身の人生経験を継続的に語り続けていくうちに，自分の考え方は新しく編成されたと明らかになった [荘島 2010]．当時まだLGBTに寛容的ではない社会の中でカミングアウトされた側は，かなりの心理的負担を抱えていると想像できる．身近な存在だからこそ，最初に受け入れることが難しく，受け入れるには時間がかかる．極端の場合，受け入れられない可能性もあるため，当事者が家族のような心的距離が短い人にカミングアウトすることが実に少ない且つ困難である．

　一方，当事者への配慮の欠如による誤解も見受けられる．行政に期待するものについて，「LGBTに関する教育を義務化にする」という項目は，非当事者

男性に比べ，当事者がより期待することが明らかになった．また，「性的マイノリティを配慮した商品やサービスに興味があるか」について，当事者が最も興味があり，次は非当事者女性，非当事者男性という順になっている．NHK [2015] の LGBT 当事者のアンケート調査結果により，パートナーがいるという当事者が半分以上で，そのうち，4分の1の人は，3年以上同棲していると分かった．また，同性パートナー間のブライダル市場が最近ようやく増えてきている [四元・千羽 2017] が，現在行われている性的マイノリティ当事者向けのサービス提供に関する認識の差があることは，企業のブライダル市場の参入が遅れた原因として挙げられる．

また，周りに LGBT がいるかどうかについて当事者はより把握している結果となった．永田 [2020] によれば，LGBT 当事者は，「当たり前の隣人」という表現を使用し，当事者たちはいないのではなく，「いるけど見えないだけ」という理解を世間に訴えている．非当事者は職場に当事者がいるかどうかは当事者ほど正確に把握していない上，「周りに当事者がいない」と間違えて捉えてしまう．そのような配慮の欠陥がダイバーシティマネジメントの実行に支障をきたしているのは非常に残念である．無論，本当に当事者が存在しない職場が存在するが，「当事者がいるかどうか分からない」，「いないと思う」というステレオタイプによる当事者のいない職場も考えられる．従って，職場に「当事者がいる」という前提を念頭に置くことにより，当事者の存在を適切に捉えることにつながる．

小　　　括

本章は，企業で実施されている LGBT ダイバーシティマネジメントに対し，LGBT 当事者と非当事者男性と非当事者女性の間の認識ズレについて，「LGBT に対する施策」，「LGBT の一般認識」，「当事者が職場で困っていること」，「当

第6章　ダイバーシティマネジメントに対する認識ズレ　*163*

事者が職場環境に求めているもの」といった四つのカテゴリーに分け，アンケート調査を行った．最終 LGBT 当事者194名，非当事者男性124名，非当事者女性118名のアンケート回答を分析した．カイ2乗検定とクラスカル・ウォリス検定を用いて，当事者，非当事者男性，非当事者女性，3群間での認識に関する差があるかを検定した．その結果，「就職および転職活動」，「仕事およびキャリア構築」，「他の社会側面との関連」といった三つのカテゴリーに分け，それぞれのカテゴリーでの新たな知見が得られた．当事者は非当事者が考えているほど就職及び転職活動において性的指向で困っていないことが明らかになった．また，仕事およびキャリア構築をする際に，カミングアウト問題に関しては，非当事者より当事者が比較的ネガティブに考えていることが明らかになった．さらに，他の社会側面と関連する際に，当事者と非当事者の認識の多くは乖離し，非当事者には数多くの誤解が生じていた．

注
1）ここの性別は生まれた時の生理的性別のことを指す（性自認も同じ性別の人のことである）．
2）「ステッカーなどの啓発グッズ」だけ有意差は $p < .05$ となる．
3）この項目の有意差は $p < .01$ となる．
4）非当事者男性と非当事者女性といった比較結果の有意差は $p < .05$ となる．
5）この項目の有意差は（$p < .01$）となる．
6）「結婚の予定と恋人有無のむやみに確認する」という項目の有意差は（$p < .01$）となる．
7）3群間での比較において，有意確率 $p = .047$（$< .05$）となり，当事者と非当事者男性の間，調整済みの有意確率 $p = .052$ となり，このデータに限って，10%の信用区間と定義する．
8）2016年度に行われた LGBT 総合研究所による調査を参照（https://www.hakuhody-holdings.co.jp/topics/assets/uploads/20170208.pdf，2024年8月22日閲覧）．

第7章

日本型ダイバーシティマネジメントモデル

は じ め に

　日本企業はよりスムーズ且つ有効にダイバーシティマネジメントを実施するため，本書では多角度の視点を用いて，ダイバーシティマネジメントモデルの修正を試みた．例えば，第3章の組織的要因に関する検討では，「性的マイノリティ当事者のことを十分に理解していない」といった組織側の共通難点や，第4章の個人的要因に関する分析では，「性的マイノリティ当事者の内部問題が複雑である」といった個人側の共通難点が発見できた．また，本書の対象である性的マイノリティ当事者のダイバーシティマネジメントを実施するには，多くの内部及び外部要素が配慮されている．だが，日本はアメリカに比べ，ダイバーシティマネジメント研究自体が数少なく，日本特有の問題となる労働力不足及び男女格差の観点からの多様な人々の活用に適した効果的な理論構築が必要だと示唆される［辺見 2017］．勤務問題を改善するため，今まで日本企業で用いられてきたモデルを整理した結果，「ダイバーシティイニシアティブの実行プロセスモデル」［Agars & Kottke 2002］は本書のベースモデルとして用いることにした．第1章〜第6章で得られた結果に基づき，現在の日本型ダイバーシティマネジメントの問題をまとめ，本章にてモデルの修正を行う．修正箇所を説明した上で，新たな独自のモデルを提示する．

1．日本型ダイバーシティマネジメントの問題点

　日本企業で実際にダイバーシティマネジメントを実施した事例として，次のような取り組みが挙げられる．資生堂 [2023] の「資生堂の女性活躍・ダイバーシティ＆インクルージョン（D&I）の促進」では，女性リーダーの育成や女性と障害のある社員の活躍支援を行い，その結果育児休業からの復職率は99.3％まで向上したと報告されている．また，カルビー [2023] のダイバーシティ＆インクルージョンの推進では，2010年にダイバーシティ委員会を組織してから本格的に活動を開始し，2020年には女性管理職比率が20.4％になり，2010年の5.9％より約4倍増加した．さらに，三井住友銀行 [2023] の「LGBTQ の働きやすさを実現する，主な取組」では，2017年には，「同性パートナー登録」を行った配偶者や家族等を対象にした福利厚生制度の利用が可能になるよう，就業規則の改定が行われた．しかし，このような事例はなぜか日本企業全体に広がっておらず，限られた企業内での実施になってしまっている．そこで，本書では，性的マイノリティ当事者を対象とする際の，組織側，個人側における日本型ダイバーシティマネジメントの問題点を特定できた．上述した既存の取り組みと研究結果を踏まえて，現在の性的マイノリティ当事者を対象とする日本型ダイバーシティマネジメントの問題点を大きく，「異なる対象者の取り組みを同質化させる傾向」と「カミングアウトに関する不十分な理解」にまとめた．

1.1．異なる対象者の取り組みを同質化させる傾向

　本書の各章の研究結果に基づき，日本企業はダイバーシティマネジメントを平等に実施するため，対象となる労働者を一括する傾向が見られた．しかし，第4章で取り上げた二つのマイノリティ側面を同時に持つダブルマイノリティ当事者は，異なるマイノリティの側面で直面する問題が相違し，日本国籍の性

的マイノリティ当事者に見られない解決方法が外国籍の性的マイノリティ当事者に見られた．また，第5章の因子である「仕事の柔軟性」は性的マイノリティ当事者のメンタルヘルスに正の影響を与えていることが確認できた．日本企業では「個」のアイデンティティを尊重することがそれほど普及していないため，「個」のニーズに柔軟に対応し，ダイバーシティマネジメントの対象が持つマイノリティ側面を認め，個人が持つ性的指向や性自認を尊重することを提案したい．日本企業は，ダイバーシティマネジメントの認識がまだ初期段階に止まっており，とあるマジョリティ側に対し，マイノリティとなる当事者をダイバーシティマネジメントの対象とする傾向がある．本書で何度も強調しているが，多様性には表層的なものと深層的なものが存在し，管理する内容は極めて複雑であるため，より高度なダイバーシティマネジメントの認識が求められる．

　日本企業の認識が滞っている原因として，日本の集団主義のような文化特性はダイバーシティ議論を同質性レベルにさせている［有村 2008］ことが考えられる．ダイバーシティマネジメントの対象の間では，共通する要素は存在するが，必ずしもすべての対象が同じ問題を抱えているとは限らない．例えば，ダブルマイノリティ当事者の問題解決方法のように，それぞれのマイノリティ側面で直面する問題が異なる．だが，既存のダイバーシティマネジメントモデルにはすべての対象に共通する含意があると考えられる．それにより，本来異なる対象者にそれぞれのモデルを構築すべきだが，「平等」を追求するため，ダイバーシティマネジメントの内容は同質化になってしまったことが問題点として挙げられる．従って，各対象に適したダイバーシティマネジメントモデルが必要であり，本書は性的マイノリティ当事者を対象とする際の日本型ダイバーシティマネジメントモデルの作成を試みる．「異なる対象者の取り組みを同質化させる傾向」を改善する方法をモデルの特徴にて詳しく説明する．今まで，異なる対象者に対し，共通するモデルの構築を図っており，異質のものを同質化させることは，日本型ダイバーシティマネジメントの問題として発見できた．

1.2. カミングアウトに関する不十分な理解

カミングアウトとは，性的マイノリティ当事者が自分の性的指向や性自認等を公開することである．本来，カミングアウトは性的マイノリティ当事者自らの行為であり，強要されてから行う行為ではない．本書の第3章，第4章，第5章の研究結果でカミングアウトに関する事象も多く見つけられた．第3章では，職場で効果的にダイバーシティマネジメントが行えていない共通原因として，性的マイノリティ当事者の特定はできないことが発見された．第4章では，当事者が直面する問題や置かれている職場環境により，カミングアウトする必要性が感じられなくなり，セクシュアリティに関する問題は優先順位を低め，解決する問題の優先順位が変わることが確認できた．第5章の職場でのメンタルヘルスの影響要因の考察において，適切な職場のサポートが必要だと述べたように，性的マイノリティ当事者はカミングアウトしたいタイミングでカミングアウトできるのが最も望ましい状況だと示唆している．

しかし，日本企業のダイバーシティマネジメントを実施する側は性的マイノリティの問題を特定したいため，「カミングアウトしてほしい」，「抱えている問題があると伝えてほしい」と担当者が語る．第6章にて職場でのカミングアウトの解釈は当事者と非当事者にズレがあることが分かったように，性的マイノリティ当事者は非当事者が考えるほど，職場でのカミングアウト意欲が高くなかったため，カミングアウトに関する不十分な理解が日本型ダイバーシティマネジメントの問題点として考えられる．多くの当事者は現在の日本社会及び日本企業でカミングアウトする意欲が低いからこそ，性的マイノリティ当事者の職場での非可視化が進行している．また，多くの企業はLGBTをはじめ，性的マイノリティ当事者に何かしたいという社会風潮はあるが，実施する企業は社会風潮との合致度を鑑みるべきだと示唆される．当事者の非可視化及び社会風潮との合致度について，モデルの特徴にて詳しく説明する．次に，上述した問題点を踏まえ，提案するモデルの修正点を説明する．

2．モデルの修正点説明

　上述した問題点及び改善点を踏まえて，図7－1に示された性的マイノリティ当事者を対象とする日本型ダイバーシティマネジメントモデルを説明する．まず，Agars & Kottke［2002］が提案したモデルの全体修正箇所を述べる．その後，各ステップにおける詳細を説明する．本来，ベースとなるモデルはダイバーシティ全体の対象に向けたモデルだと考えられるが，ダイバーシティマネジメントの実施する対象を性的マイノリティ当事者に特化しているか否かは，企業の行うダイバーシティマネジメントの効果が変わることが明らかになった．性的マイノリティ当事者に特化した場合，ダイバーシティマネジメントの効果が発揮できるため，本書が提案するモデルは性的マイノリティ当事者に特化したモデルである．全体の修正箇所を，「ステージの変更」，「要因の追加」，「構造の調整」に分け，従来モデルの問題点を説明した後，詳しく述べる．

2.1．ステージの変更

　Agars & Kottke［2002］が提案したモデルでは，「問題特定のステージ」，「実行のステージ」，「継続のステージ」といった三つのステージが含まれている．だが，従来のモデルは職場で起きた問題を取り組みで解決する意味合いがあるため，労働者である従業員は勤務先で起きた問題を特定し，問題解決策を実施し，問題が改善されるといった流れになる．今までの章にて，性的マイノリティ当事者が日本企業で勤務するにあたり，就職活動時から退職時まで，より長い期間での問題点やその原因を突き止め，従来のモデルで取り上げられた勤務時のみのステージだけでは，モデルの欠陥が生じると考えている．第4章の個人的要因で分析したように，性的マイノリティ当事者は就職，転職，海外赴任といった時期に悩みを抱え，職場で起きた問題もトイレ利用制限や内定取り消し

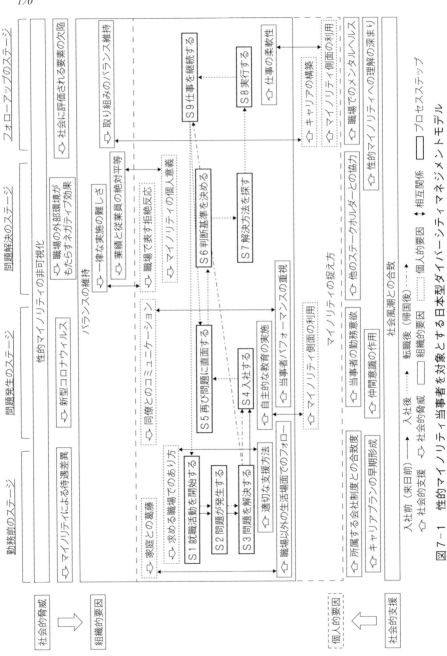

図7-1 性的マイノリティ当事者を対象とする日本型ダイバーシティマネジメントモデル

(出所) 筆者作成.

など複数の側面で見られた［手島ほか 2021］．そのため，「問題特定のステージ」，「実行のステージ」，「継続のステージ」といった三つのステージから，「勤務前のステージ」，「問題発生のステージ」，「問題解決のステージ」，「フォローアップのステージ」といった四つのステージに変更した．また，第4章の問題解決プロセスを用いて，各ステージには更なる細かいプロセスのステップを含めることで，より全面的且つ効果的に性的マイノリティ当事者のダイバーシティマネジメントを実行することにつながる．

2.2. 要因の追加

Agars & Kottke［2002］が提案したベースとなるモデルに，「組織的要因」及び「個人的要因」があり，各ステージにおいて，「トップマネジメントの施策」や「従業員の役割モデル」といった要素が確認できる．しかし，ステージの変更に伴い，組織的要因と個人的要因といった2種類のカテゴリーに属する構成要因も増える．提案したモデルは従来のモデルに含まれている構成要因より遥かに多くなっており，相互の関係性も複雑になっていると分かる．人的資源を管理する際に，多様性の理解が含まれる人材の登用や事業組織体制の選定，多様性の確保などのような管理内容は，人的資源管理に実効性がある［中村 2022］．従って，性的マイノリティ当事者のマネジメントに影響を与える要因には多様性があるため，変更されたステージに合わせ，各章で得られた要因を追加する．また，従来のモデルにおいては，問題特定のステージに含まれている組織的要因から実行のステージに一方向に展開し，実行のステージの個人的要因を融合した上で，継続のステージにたどり着くルートになっている．しかし，修正されたモデルにおいては，組織的要因及び個人的要因の双方向の関係があり，サイクル式のルートを辿っている．構成要因間の関係性を示すことで，ステージ間の関連性を引き出し，性的マイノリティ当事者を対象とするダイバーシティマネジメントの効果的な実施につながる．

2.3. 構造の調整

　本来のモデルには，「基礎となる認知プロセス」が含まれている．その中に社会性，脅威の認知，正義の認知，実益の認知といった4種類の要素が含まれており，各ステージでの高低が示されている．しかし，このような認知は性的マイノリティ当事者を対象とするダイバーシティマネジメントの実施との関係性を想像しにくいため，従来のモデルの構造を変更し，より分かりやすい日本企業に相応しいモデルを提案する．各章の研究結果の中，組織的要因と個人的要因のほか，社会的要因も多く発見でき，その中には，性的マイノリティ当事者を対象とするダイバーシティマネジメントを促進するものもあれば，性的マイノリティ当事者を対象とするダイバーシティマネジメントを阻害するものもある．人生経路において，分岐点での選択をする際には，人の行動の後押しになる認識や支援もあれば，阻害的な影響を与える要因も存在する［安田・サトウ 2012］．従って，本書で提案する新しいモデルでは，ダイバーシティマネジメントの後押しになるものを「社会的支援」，阻害的な影響を「社会的脅威」と命名し，各ステージに現れたものを明記する．従来のモデルにおいて，認知プロセスはモデルを支える位置になっているが，新しく提案するモデルでは，ダイバーシティマネジメントを推進する要因を支える位置に表記し，阻害する要因はその反対側に表記する．視覚的にモデル実施のプロセスを理解しやすくし，推進なのか阻害なのか判別できるように構造を変更した．

3．各ステージの説明

　それでは，変更後の各ステージの詳細を述べる．各ステージでどのような要素が含まれているか，企業は実際にダイバーシティマネジメントを産出する際に，どのような注意点やアプローチ方法があるかを詳しく説明する．

3.1. 勤務前のステージ

　勤務前のステージは新たに追加したステージであり，このステージには第4章の結果を踏まえて，さらに「就職活動を開始する」，「問題が発生する」，「問題を解決する」という三つのステップに分けた．実は，性的マイノリティ当事者は就職しようとする企業で勤務を開始する前に，すでに懸念される問題が存在する．例えば，面接で，希望勤務職種を聞かれた際，性的マイノリティ当事者の抱える問題に触れられてしまう可能性はある．また，性的マイノリティ当事者は就職時の履歴書に性別を書かないと詐欺罪になるかもしれないと不安になり，本来と異なる情報を提供する［神谷・松岡 2020］ことが例として挙げられる．従って，日本企業は性的マイノリティ当事者をダイバーシティマネジメントの対象とする場合，勤務開始前のステージという時期に着目し，より全面に考えるべきである．このステージで，勤務開始後の問題より性的マイノリティ当事者は早目に問題に直面するが，性的マイノリティ当事者の非可視化により，ダイバーシティマネジメントの内容作りは難航する．また，このステージにおいて，「社会的脅威」が存在し，「マイノリティによる待遇差異」である．この「社会的脅威」は，ダブルマイノリティ当事者では言語による待遇差異が見られたが，性的マイノリティ当事者は自身が有するマイノリティによる差別が感じられるため，マイノリティである側面を隠す傾向が考えられる．

　第3章で取り上げた企業の取り組みである「面接時のレインボーフラッグの設置」のように，ダイバーシティマネジメントを実施する組織的要因として，「適切な支援方法」で実施すると，ポジティブな効果が生まれる．また，適切な支援方法は性的マイノリティ当事者が「求める職場でのあり方」と合致する場合，両者の相乗効果の発揮が予想できる．他にも，組織的要因として「職場以外の生活場面でのフォロー」が存在し，当事者が抱えている「家庭との葛藤」を解決することができる．例として，日本企業の福利厚生における同性パートナーシップ制度の追加や同性パートナーの子どもを異性夫婦の子どもと同等に

扱うことなどが挙げられる．このような取り組みは性的マイノリティ当事者が勤務開始前のステージで確認できるため，「組織的要因」と「個人的要因」の適合が見られる．

さらに，このステージにおいて，「社会的支援」として「所属する会社制度との合致度」及び「キャリアプランの早期形成」が挙げられる．勤務前の就職過程，もしくは面接過程で所属する企業の制度を確認し，性的マイノリティ当事者の求めるものと合致すると，ダイバーシティマネジメントの内容は効果的だと予想できる．性的マイノリティ当事者は所属する組織に対するイメージが良くなり，勤務意欲が高い水準からスタートし，職場で行われるダイバーシティマネジメントへの参加も比較的積極的だと考えられる．また，性的マイノリティ当事者は自分が求めるキャリアプランが早期に形成された場合，勤務する企業での目標が明確になり，企業で実施されているダイバーシティマネジメントに関与するかどうかの判断もより迅速だと思われる．仮に企業もしくは企業以外の側面で問題が生じた場合，企業に求める解決方法が明確であり，適切な問題解決方法も産出しやすくなると示唆される．

3.2. 問題発生のステージ

このステージには，「入社する」と「再び問題に直面する」という二つのステップが含まれている．ダブルマイノリティ当事者の問題解決プロセスに基づき，性的マイノリティ当事者は勤務すると決めた場合，勤務する企業に入社するステップを経る．その後，勤務を行いながら，再び問題に直面する．そこで，勤務による「問題発生のステージ」と命名した．このステージのダイバーシティマネジメントの実施には，同じく「社会的脅威」，「組織的要因」，「個人的要因」，「社会的支援」といったものが存在する．「社会的脅威」として，勤務前のステージですでに現れた対象の非可視化が継続する．性的マイノリティ当事者は職場でのカミングアウトが未だに困難であるため，勤務時に性的マイノリティ当事

者の問題が浮かび上がりにくいと考えられる．また，新型コロナウィルスはこのステージでダイバーシティマネジメントの実施を阻害する．労働環境が変化し，現場勤務から自宅勤務に変わり，職場でのコミュニケーションのスタイルが以前と異なり，性的マイノリティ当事者のメンタルヘルス及び勤務環境に大きなネガティブな効果を与える．勤務による身体疲労によってネガティブな感情が生まれ，メンタルヘルスが崩れる恐れがあるため，ダイバーシティマネジメントをより適切に実施することが求められる．

　問題発生のステージでは，効果的なダイバーシティマネジメント内容が見つけられており，「自主的な教育の実施」と「当事者パフォーマンスの重視」が組織的要因として挙げられる．性的マイノリティ当事者と非当事者は認識ズレが存在する中，日本企業で勤務する非性的マイノリティ当事者への教育は重要になってくると思われる．知識不足により，当事者を誹謗中傷する，もしくは不本意に当事者のことを軽蔑してしまうことを減らすよう，企業での教育はダイバーシティマネジメントの内容になり，自主的という側面は組織的要因として考えられる．また，企業で勤務する当事者のパフォーマンスを重視することも組織的要因として考えられる．性的マイノリティ当事者が勤務時に直面する問題は，非当事者も直面する可能性があり，セクシュアリティに関する問題もあれば，そうではない問題もある．企業が実施するダイバーシティマネジメントの着目点を「如何に正しい方法で問題を改善するか」に変えることにより，当事者が嫌がる「ニーズにない施策」の産出を防ぐことも期待できる．

　一方，このステージでは個人的要因として「同僚とのコミュニケーション」と「マイノリティ側面の利用」が含まれている．ダブルマイノリティ当事者の研究結果では，日本国籍の同僚とのコミュニケーションを問題として抱えることが明らかになったが，性的マイノリティ当事者が，マジョリティである非当事者の同僚とどのようにコミュニケーションをとるかはダイバーシティマネジメントの実施において非常に重要な要素である．そのため，自主的な教育が実

施されることにより，同僚とのコミュニケーションは向上することにつながる可能性がある．また，ダブルマイノリティ当事者の研究結果では，マイノリティを利用し，触れたくない話題を回避する事象が確認できた．性的マイノリティ当事者は自身で有するマイノリティ側面を利用し，問題発生を阻止することが可能だと考えられる．どのように自身が有する「マイノリティ」側面を利用するかは，ダイバーシティマネジメントの実施で重要な内容であり，適宜に「マイノリティ側面の利用」ができれば，ダイバーシティマネジメントの実行につながると考えられる．

　問題発生のステージでは，「当事者の勤務意欲」と「仲間意識の作用」という二つの「社会的支援」が発見できた．当事者は所属する企業での勤務意欲があるからこそ，企業側は問題を解決しようとすると考えられる．勤務意欲が高い場合，性的マイノリティ当事者の職場でのメンタルヘルスも向上するため，比較的冷静に物事を判断し，実施されているダイバーシティマネジメントの内容は有効なものなのかを考慮し，問題解決に向かう．例として，第3章の調査において，強要された自己開示ではなく，自分の意思でのカミングアウトを行うことで，ダイバーシティマネジメントの推進に貢献した事例が発見できた．また，内と外による仲間意識はダブルマイノリティ当事者の勤務問題の解決に重要な役割を果たし，セクシュアリティでの仲間意識もダイバーシティマネジメントの実施に関係する．実際に，アライという支援者は性的マイノリティ当事者にとって，仕事を続けるかやめるかを判断する際のかなり重要な存在だと示唆される．職場で関わる多くの関係者は「自分」のことを理解してくれるかといった判断基準で，仲間意識が作用すると考えられる．職場において，カミングアウトする意欲が高くない当事者が多い中，支援者が増えることで，同僚を「仲間」として捉え，コミュニケーションをとり円滑に行うことが期待できる．従って，現在カミングアウトが困難な日本企業の中で，カミングアウトをした当事者は，セクシュアリティに関する問題の解決をするダイバーシティマ

第7章　日本型ダイバーシティマネジメントモデル　*177*

ネジメントの担当者としてより相応しい内容を作ることができ，よりニーズに合うダイバーシティマネジメントの実施につながると予想される．

3.3.　問題解決のステージ

　問題発生のステージの後，問題を解決するステージに突入するが，このステージには「判断基準を決める」と「解決方法を探す」という二つのステップが含まれている．性的マイノリティ当事者は，職場で起きた問題を解決する際，まず問題解決する判断基準を決め，その後決められた基準に沿って相応しい解決方法を探すという流れになる．性的マイノリティ当事者は仮に問題解決方法を探すといったステップに突入しても，決めた判断基準の適正さが懸念される．相談可能な相手が極めて少ない中，自己解決する傾向が見られ，他人の助言による適切な解決方法が生まれるにもかかわらず，適用できない可能性が大きい．また，職場の外部環境が引き起こす負の影響により，ダイバーシティマネジメントの実施が難しくなっている．ダブルマイノリティ当事者の分析結果では，国籍でのマイノリティは住まい探しにマイナスな影響を与えると述べたが，実際同性パートナーでも同じような問題を抱える可能性がある．ワークライフバランスの維持が困難になり，職場での心理的健康状態が悪くなることにつながる．だが，適切ではない方法でダイバーシティマネジメントを実施してしまうと，さらなるマイナス効果が生まれるサイクルに陥る可能性もある．

　このステージの組織的要因として，「一律な実施の難しさ」と「業績と従業員の絶対平等」が挙げられる．第3章の研究結果に基づき，性的マイノリティ当事者の取り組みを効果的に実施できていない企業は，すべての従業員の平等待遇を追求する傾向があり，性的マイノリティ当事者に特化した取り組みの実施が困難であると明らかになった．また，多くの日本企業は「業績と従業員の絶対平等」という概念の元で，性的マイノリティ当事者が問題に直面した際に，今までやっていなかった取り組みを積極的に実施することは日本企業では考え

にくい．従って，提案モデルで最初に明記した性的マイノリティ当事者は多く
の日本企業のダイバーシティマネジメントの対象の枠組みから除外され，モデ
ルに沿って実施することができないことになってしまう．

　一方，個人的要因として，「職場で表す拒絶反応」と「マイノリティの個人
意義」という二つの側面が挙げられる．個人的要因を分析した第4章では，性
的マイノリティ当事者は職場でセクシュアリティ絡みの質問に対する拒絶反応
を示し，セクシュアリティに関する質問を阻止することができる．このように，
職場で嫌悪的な態度や反応を示すことにより，セクシュアリティに関する質問
を中断することができるが，すべての性的マイノリティ当事者が同じようなこ
とができるわけではない．拒絶反応を示す際に，職場の人間関係，話題を続け
たくないと伝える合図の妥当性等を配慮する必要がある．集団意識が強い日本
企業で結ばれた日本の雇用関係の下では，仕事を頼まれたら断りづらい文化が
まだ支配的である［小野 2016］ため，日本企業が求めている「調和」という概
念は性的マイノリティ当事者に大きな影響を及ぼす．また，「一人の当事者」
としてダイバーシティマネジメントに参加する意義を考える際，消極的な態度
をとることがある．絶対的平等を追求する日本企業の中で，性的マイノリティ
の代表として身を挺するべきなのか，一人の努力で日本企業の職場環境を変え
られるかといった懸念ポイントが生じる．「個人」として自分が所属するマイ
ノリティグループのために訴えることは，日本企業では非常に目立つ行為であ
り，日本企業に所属する個人にメリットをもたらすことはほとんど考えられな
い．

　しかしながら，問題解決のステージにおいて，すべてが実施困難というよう
な要因ではなく，外部との協力の重要性が強調されている「他のステークホル
ダーとの協力」は「社会的支援」として存在する．ステークホルダーになって
いる他社の取り組みを取り入れる，もしくは他社と協力し，合同で実施するこ
とが考えられる．日本企業は単独で性的マイノリティ当事者を対象とするダイ

バーシティマネジメントを実施する際，参考になる取り組みが限られるため，他社との協力を図ることで，自社の足りない部分を補うことが可能である．ステークホルダーとの協力により，効果的な解決方法を学ぶことができると同時に，自社の問題所在を特定でき，今まで自社だけで解決できない問題を他社との協力によって解決できる可能性が考えられる．

3. 4. フォローアップのステージ

　フォローアップのステージは，従来の継続のステージを修正したステージである．従来の継続のステージでは，問題解決後のステージのみ想定されたが，問題が完全に解決せず，勤務を継続するといった場合もあったため，提案するモデルでは，最後のステージを「フォローアップのステージ」と命名した．このステージの要素は問題解決のステージに現れた解決策が実施された後のものであり，「実行する」と「仕事を継続する」という二つのプロセスを用いて説明する．だが，この二つのプロセスを経た後，「就職活動を開始する」と「再び問題に直面する」という二つのプロセスを再度経る可能性があるため，「就職活動を開始する」と「再び問題に直面する」というプロセスを踏まえて本ステージを説明する．

　まず，「仕事を継続する」というステップを経ることは問題が解決されたことになる．その後，2種類のサイクルが予想される．一つ目は，仕事は継続することになるが，問題が残ったままで，現職を辞めようという思考が現れ，新たな勤務先を探す「就職活動を開始する」というサイクルである．二つ目は，問題が解決され勤務を継続するが，新たな問題が生じ，再び問題に直面し，もう一度問題解決のステージに戻るというサイクルである．このステージには，前述した対象の非可視化のほか，社会に評価される要素の欠陥という社会的脅威も存在する．対象の非可視化により，性的マイノリティに特化したダイバーシティマネジメントの実施がされず，「全員平等」という概念のもとで実施さ

れるダイバーシティマネジメントは「真の問題」解決につながらず，フォローアップができていないと懸念される．また，多くの日本企業はフォローアップのステージでは，性的マイノリティ当事者が職場で直面する問題の解決後のフォローアップをしない．実際に起きた問題は即座に解決できるものが少なく，継続的に解決策が実施された後のフォローが必要であるにもかかわらず，できていない現状が存在する．従って，日本企業ではポリシーの宣言及び性的マイノリティを支援するコミュニティができておらず，社会に評価される要素が欠けている．このような社会的脅威は，性的マイノリティ当事者の退職や再び同じ問題に直面することにつながってしまう．

　フォローアップのステージでダイバーシティマネジメントを実施するにあたり，組織的要因がいくつか発見できた．日本企業は仕事の柔軟性を高めることで，ダイバーシティマネジメントの効果的な実施につながる．日本社会において，差別を無くすような動きは多く確認できるが，「性的指向」や「性自認」などについて，特に明示されていない場合が多い［大塚・標葉 2019］．また，職場内の差別的言動を見聞きした頻度は自殺行動のリスクと有意に正の関係がみられた［平光 2021］．性的マイノリティ当事者は，自分が抱えている「少数派」の問題が解決されれば，日本企業での仕事の柔軟性が高いと考える．仕事の柔軟性が高い場合，性的マイノリティ当事者自らが問題をより相談しやすくなる可能性があらわれる．一方，日本企業は多様なマイノリティ当事者に対する取り組みのバランスを維持するため，フォローアップのステージで性的マイノリティ当事者に特化したフォローアップが実施されにくいと予想される．性的マイノリティ当事者に偏ったフォローアップの実施を行うと，他のマイノリティ当事者の不満を引き起こし，企業内の対抗が起きてしまう可能性が考えられる．マイノリティ間の取り組みバランスを担保することは組織的要因として，性的マイノリティ当事者を対象とするダイバーシティマネジメントの実施において，マイナス効果を与えている．

第7章　日本型ダイバーシティマネジメントモデル　*181*

　一方，フォローアップのステージでは個人的要因として，「キャリアの構築」
と「マイノリティ側面の利用」が存在する．性的マイノリティ当事者は職場で
問題に直面した際，今後歩みたいキャリアがすでに形成されているのであれば，
フォローアップのステージで問題解決に関するヒントがあると考えられる．問
題解決のステージで生じた解決策の効果は，今後のキャリアプランやキャリア
ビジョンと直接に関係しており，キャリアの構築ができているかどうかは，こ
のステージのダイバーシティマネジメントの実施に影響を与える．また，フォ
ローアップのステージで「マイノリティ側面の利用」が再び現れる．ダブルマ
イノリティ当事者は自分が有するマイノリティの側面を利用することができる
と明らかになったように，複数のマイノリティ側面を有する場合，一つのマイ
ノリティ側面において問題が発生しても，他のマイノリティを用いて問題を緩
和することができる．性的マイノリティ当事者はフォローアップのステージに
おいて，性的マイノリティの側面を利用し，計画していたキャリアの阻害を除
外することも可能である．だが，問題発生のステージと異なる部分が確認でき
る．フォローアップのステージでの「性的マイノリティ側面の利用」は，各個
人が置かれた環境により，利用できない場合も考えられる．性的マイノリティ
当事者は，利用できるほかのマイノリティ側面がある場合，あえて性的マイノ
リティの側面を利用する必要もなかろう．

　このステージでは，社会的支援として「職場でのメンタルヘルス」と「性的
マイノリティへの理解の深まり」が挙げられる．問題解決のステージでは，勤
務先に対するネガティブな感情や労働意欲の改善がされる場合，メンタルヘル
スが向上する．また，メンタルは健康状態が維持できる場合，転職もしくは新
たな問題に直面するといったステップに突入するまでの期間が長くなる，もし
くは突入しない可能性もある．性的マイノリティ当事者の職場でのメンタルヘ
ルスは，職場での安定したパフォーマンスのアウトプットに重要なものである
と言えよう．さらに，日本企業が自主的な教育を行うことは，有効なダイバー

シティマネジメントであると述べたが，日本企業を含め，日本社会での性的マイノリティの認知は近年徐々に高まっており，性的マイノリティそのものは，「触れてはいけないもの」から「ごく普通の存在」に変わりつつある．認知度が上がることにより，多くの支援者である「アライ」が現れ，今まで性的マイノリティに関する知識がなかった日本企業は，問題発生から問題解決までのプロセスを経ることで性的マイノリティ当事者の問題解決後のフォローアップをより重視する．理解の深まりは単なる「性的マイノリティ当事者とは何か」だけではなく，当事者との関わり方，性的マイノリティ当事者が抱える諸問題などの内容も知識として理解されると，日本企業のフォローアップのステージにおけるダイバーシティマネジメントの実施によりプラス効果を与える．

4．モデルの特徴

モデル全体の修正箇所，及び各ステージを構成する「社会的脅威」，「社会的支援」，「組織的要因」，「個人的要因」の説明を行った．各ステージにおいて，共通する特徴があり，本書で提案したモデルの特徴として捉える．「性的マイノリティの非可視化」は社会的脅威の特徴として考えられる．「社会風潮との合致」は社会的支援の特徴として考えられる．「バランスの維持」は組織的要因の特徴として考えられる．「マイノリティの捉え方」は個人的要因の特徴として考えられる．それでは，どのような特徴なのかを詳しく説明する．

4.1. 性的マイノリティの非可視化

本書では，性的マイノリティ当事者のカミングアウト困難について何度も強調してきた．性的マイノリティ当事者は現在の日本企業で自己開示をした後，職場で得られる利益に比べ，被る不利益が遥かに大きいため，日本企業での性的マイノリティの非可視化が進んでいると考えられる．それにより，勤務前の

ステージで性的マイノリティ当事者が自社に応募しようとしている，もしくは応募しているという認識は採用担当者側に極めて少ない．仮に，問題発生のステージで「自社に性的マイノリティ当事者はいる」と担当者が認識できたとしても，当事者が勤務する際に直面する問題点を特定することは難しい．また，問題解決のステージで，性的マイノリティ当事者がどのような問題を抱えているかを確認しにくい場合，企業内で問題の解決を図ろうとしない傾向がある．従って，最後のフォローアップのステージに至らないケースが生じ，当事者が抱えている「真の問題」が解決されず，本当の理由を伝えられないまま退職するという結果選択となってしまう．「社会的脅威」の特徴である「性的マイノリティの非可視化」は，提案モデルのあらゆる箇所に影響を与え，日本企業の効果的なダイバーシティマネジメントの実施に支障をきたしていることを否めない．だが，日本型ダイバーシティマネジメントの問題として述べたように，「非可視化」されていることを「可視化」するため，性的マイノリティ当事者へのカミングアウト要求は不適切な方法である．これまで，企業側はカミングアウトできる労働環境をどのように作るかを探ってきたが，ここで考え方を変える必要性が感じられる．今後，性的マイノリティ当事者はカミングアウトしなくても，働きやすいと感じる労働環境を如何に作るかを考えることに着眼点を置く．性的マイノリティ当事者がカミングアウトしたい時にできる労働環境の構築をできれば，「非可視化」問題が緩和され，性的マイノリティ当事者の自発的なカミングアウトは，より効果的なダイバーシティマネジメントの実施につながる．

4.2. 社会風潮との合致

「社会風潮との合致」という特徴を見てみよう．日本企業が行うダイバーシティマネジメントの内容は，その時代の社会の風潮と合致する場合，ダイバーシティマネジメントの内容はより効果的になるのだろう．なぜなら，当事者の

多くの生活側面の事象と一致し，ダイバーシティマネジメントの内容がより広い範囲でカバーしているからである．提案モデルの勤務前のステージでは，求職者が求めているものが企業の制度と一致している場合，該当企業への好感度や，入社する意欲は向上する．また，問題発生のステージでは，事前に職場での問題を予防する福利厚生等が制度的にある場合，性的マイノリティ当事者の勤務意欲は上がる．さらに，問題解決のステージでは，企業外部との協力が機能し，企業内並びに企業外の社会構成要素との一貫性が担保される．それにより，性的マイノリティ当事者の問題に適した解決策が見つけられ，職場で勤務する安心感を抱くのであろう．日本企業は社会環境及び社会風潮が釣り合えば，モデルのフォローアップのステージではより性的マイノリティ当事者に働きやすい環境が提供でき，ダイバーシティマネジメントの実施がよりスムーズになる．第6章で述べたように，非当事者が考える「当事者が抱えている問題」と真の問題はズレが存在するため，性的マイノリティ当事者の真のニーズを把握し，社会風潮に合わせ，ダイバーシティマネジメントの実施は求められる．従って，社会風潮と合致しているかどうかは，日本企業がダイバーシティマネジメントを実施する際の重要なポイントとなる．

4.3. バランスの維持

ここで言及しているバランスとは，異なるベクトルにおけるバランスであり，いわゆる異なるダイバーシティマネジメントの対象や，異なる生活側面などが含まれる．勤務前のステージからフォローアップのステージまで，多くの側面におけるバランスの維持が必要になっている．勤務前のステージでは，性的マイノリティにおける職場内と職場外のバランスを維持させる必要がある．企業内での性的マイノリティに対する態度と企業外に発信するものとのバランスや，当事者の勤務時間内と勤務時間外への配慮バランスなどが例として挙げられる．問題発生のステージでは，性的マイノリティ当事者が成し遂げる業績と性的マ

イノリティ当事者のメンタルヘルスとのバランスを維持させる必要がある．性的マイノリティ当事者は業績を達成するために，本来同行したくない二次会に参加する可能性があり，それによりメンタル面が悪くなる可能性も生じる．また，問題解決のステージでは，当事者の問題を解決する方法の選定にあたり，非当事者及び他のマイノリティ当事者とのバランスを維持させる必要が生じる．偏りのある対象選定になってしまうと，他の労働者に嫌悪感を抱かせ，ダイバーシティマネジメントの実施を阻む．最後に，フォローアップのステージでは，各対象に対する取り組みのバランスのウエイトを維持させる必要がある．日本企業は絶対的平等を追求するが，企業内における絶対的平等を実現することはほぼ不可能であろう．そのため，フォローアップのステージでは，ダイバーシティマネジメントの他の対象と比較し，性的マイノリティ当事者を対象とするダイバーシティマネジメントの内容を調整する，もしくはダイバーシティマネジメントの方法を修正することが求められる．従って，ダイバーシティマネジメントを実施する組織として，日本企業が数多くの「バランス」を如何に維持できるかは重要なポイントとなる．

4.4. マイノリティの捉え方

　最後に，「マイノリティの捉え方」という特徴を見てみよう．性的マイノリティ当事者は，自分が持つマイノリティの捉え方によって，モデルの各ステージでダイバーシティマネジメントの実施に影響を与えていることが明らかになった．勤務前のステージでは，職場における「自分」という存在はマイノリティの捉え方によって変化する．勤務しようとする職場では，「自分」という存在が受け入れられるか，「自分」が有するマイノリティを職場でどのように表すか，といった懸念ポイントが生じる．その後，問題発生のステージでは，周りの人との関わり方がマイノリティの捉え方によって変化する．自分自身はマイノリティの側面を表さずに，労働者の一員として勤務し，同僚と関わって

いくか，マイノリティの側面を限定的に公開し，コミュニティを作るか，周りの人に隠さず，自分の望んでいる仕事のスタイルを貫くかは，「マイノリティ」の捉え方によって変化する．無論，職場における人間関係の問題も発生するか否かは，「マイノリティ」の捉え方によって変わってくる．また，問題解決のステージでは，企業側で実施されているダイバーシティマネジメントに参加するか否かという決定にも「マイノリティ」の捉え方は影響を及ぼす．一個人として「性的マイノリティ」を代表するという発想がない場合，参加した後の職場における自分の待遇の悪化に恐れ，ダイバーシティマネジメントそのものを拒んでしまい，関心を示さない可能性がある．最後に，フォローアップのステージでは，マイノリティを利用し，置かれている環境の改善を求めるかどうかは「マイノリティ」の捉え方により変化する．マイノリティをネガティブに捉えている当事者は，問題が解決された後の勤務において，マイノリティによる問題に再び直面する可能性が高く，勤務意欲の維持も難しくなると考えられる．マイノリティそのものをポジティブに捉え，「コンプレックス」として認識しない当事者は，フォローアップのステージで自身のマイノリティについて相談することの可能性は高く，企業側の望ましいフィードバックを与えることができる．従って，性的マイノリティ当事者が自分のマイノリティをどのように解釈しているかは重要なポイントとなり，時にはプラスもしくはマイナス両方の効果をもたらす可能性がある．

小　　括

　本章は第 3 章〜第 6 章の研究課題の結果を基に，日本型ダイバーシティマネジメントモデルの提案を行った．提案するにあたり，「異なる対象者の取り組みを同質化させる傾向」と，「カミングアウトに関する不十分な理解」という日本型ダイバーシティマネジメントの二つの主要な問題点を整理した．性的マ

イノリティ当事者に焦点を当てたダイバーシティマネジメントの実施時には，異なる対象者に対する個別のアプローチが必要であるにもかかわらず，日本企業はまとめて取り組もうとする傾向がある．また，性的マイノリティ当事者の職場でのカミングアウト意欲は非当事者が想像するほど高くないにもかかわらず，カミングアウトを要求する傾向が強い．これらの問題を改善するために，既存のダイバーシティイニシアティブの実行プロセスモデル［Agars & Kottke 2002］に修正を加え，ステージを変更した．さらに，新たに発見された要因を追加し，要因は「社会的支援」および「社会的脅威」に分類し，モデルの構造を調整した．新たなモデルに含まれている要因を網羅し，「性的マイノリティの非可視化」，「社会風潮との合致」，「バランスの維持」，「マイノリティの捉え方」は提案モデルの特徴としてまとめた．

終　章

共 創 の 道

は じ め に

　本書は，日本企業のダイバーシティマネジメントを全面的に分析し，性的マイノリティ当事者を対象とする取り組みの現状に基づき，組織側及び個人側の観点を用いて，日本型ダイバーシティマネジメントの実施モデルを提案することを目的とした．そのため，日本企業におけるダイバーシティマネジメントの昨今の状態を整理し，性的マイノリティ当事者とダイバーシティマネジメントの関係性について考察した．よりグローバル化が進んでいる日本企業の環境に鑑み，以前より日本企業におけるダイバーシティ自体が複雑になり，対象ごとに管理方法を見つけ出す必要があると考えられる．だが，ほとんどの日本企業はダイバーシティマネジメントを実施する対象を選定する際に，表層的 [Harrison et al. 1998] な対象を選ぶ傾向がある．日本企業におけるダイバーシティマネジメントは，女性や外国人といった表層的かつ外見的な違いに限定されてきた時期があったと言える．また，ダイバーシティマネジメントに関する研究は，女性及び外国人労働者，もしくは障害者を対象とするものが多い風潮がある．そこで，研究対象として選ばれにくい性的マイノリティ当事者に特化した日本企業のダイバーシティマネジメントを分析することにより，今まで隠されていた問題点を洗い出した．それから，日本企業という組織に関する研究，性的マイノリティ当事者という個人に関する研究，新たな要因に関する研究を行い，

190

さらに，当事者と非当事者に存在する差異を明らかにした上で，日本型ダイバーシティマネジメントモデルを提案した．

1．各章のまとめ

本書は第1章，第2章，第3章，第4章，第5章，第6章，第7章に分け，文献レビュー研究及び実証研究を行ったが，各章で得られた実践的及び学術的知見を簡潔にまとめる．

1.1. 第1章：ダイバーシティマネジメントにまつわる論点

第1章では，序章で定義した本書におけるダイバーシティマネジメント及び性的マイノリティに基づき，日本企業はダイバーシティマネジメントをどのように認識していたかをまとめた．ダイバーシティマネジメントの存在，対象，目的といった三つの側面でダイバーシティマネジメントの捉え方について論じた．今後，日本企業はダイバーシティマネジメントの存在をポジティブに捉え，企業にメリットをもたらす手段として認知すべきだと提案した．また，ダイバーシティマネジメントの対象を選定する際には，表層的もしくは深層的といった二者択一の基準で選ぶのではなく，総合的な視点を持つべきだと提案した．さらに，ダイバーシティマネジメントの目的において，より精度の高い理論を構築するため，企業内で行われているダイバーシティマネジメントの実践を構築の素材として捉え，実践と学術の融合という目的でダイバーシティマネジメントを行うべきだと提案した．性的マイノリティを対象とするダイバーシティマネジメントを実施する際の既存の共通する問題点や難点として，「当事者への不十分な理解」，「当事者内部の複雑な問題」，「トランスジェンダーに見られる特殊性」，「メンタルヘルス維持の難しさ」が挙げられる．現在のダイバーシティマネジメントを実施するモデルにおいて，人材ポートフォリオ [守島 2001]，

人的資産フロー図［櫻木 2017］，戦略的マネジメントモデル［Dass & Parker 1996］，効果的ダイバーシティマネジメントモデル［Gilbert et al. 1999］，ダイバーシティイニシアティブの実行プロセスモデル［Agars & Kottke 2002］が発見できた．第1章の結果を踏まえて，日本型ダイバーシティマネジメントモデルを構築する前に，組織的要因，個人的要因，新たな要因［馬越 2011］といった三つの側面での要因を検討する必要があると明らかになった．ダイバーシティマネジメントの実施において生じた真の問題を特定し，その問題を解決するモデルが求められるため，日本型ダイバーシティマネジメントの問題の解明が本章にて行われた．

1.2. 第2章：性的マイノリティ当事者とダイバーシティマネジメントとの関係性

　より相応しい日本型ダイバーシティマネジメントモデルを提案するため，表層的多様性と深層的多様性［Harrison et al. 1998］の両方を持つ性的マイノリティ当事者を対象として選定し，性的マイノリティ当事者を対象とした日本型ダイバーシティマネジメントモデルはより広範囲での影響が期待できる．また，2015年東京渋谷区同性パートナーシップ条例が日本で初施行されたことにより，日本国内では性的マイノリティ当事者に対する多くの取り組みが始まった．日本企業のダイバーシティマネジメントの対象として企業のみならず，社会全体の性的マイノリティ当事者に対する関心を高めることも期待できる．また，社会全体の性的マイノリティ当事者に対する捉え方は変化しており，その変化は日本企業にも現れている．だが，性的マイノリティ当事者を対象とするダイバーシティマネジメントに「当事者への理解の不十分さ」と「当事者内部の問題の複雑さ」といった問題点があり，性的マイノリティ当事者が所属する組織側と性的マイノリティ当事者個人側のどちらにも問題点が存在すると明らかになった．

192

1.3. 第3章：行われている取り組みの比較

　性的マイノリティ当事者に対する取り組みを実施し始めた企業は年々増えているが，日本企業全体を俯瞰的に見ると，その企業は氷山の一角に過ぎない．第3章では既存の取り組みと効果的な取り組みを実施した企業を紹介している．性的マイノリティ当事者を対象とするダイバーシティマネジメントを効果的に実施する日本企業がある中，効果的に実施できていない企業は断然に多い現状がある．従って，性的マイノリティを対象とするダイバーシティマネジメントの実施において，効果的に行っている日本企業と効果的に行えていない日本企業の比較を通して，組織的要因の検討を行った．結果として，効果的に実施している企業が行う取り組みに独自の特徴は存在する．例として，性的マイノリティ当事者を人材として考え，採用段階ではすでに支援宣言を行い，性的マイノリティ当事者に安心感を与えている．そのような特徴を活かし，人材確保につながった共通原因も存在している．一方，取り組みを効果的に実施できていない共通原因も発見し，両者は「実施する対象」，「実施する環境」，「実施する内容」の三つの側面での差異が存在すると明らかになった．

1.4. 第4章：より深層なマイノリティ当事者

　組織的要因の検討を行った後，ダイバーシティマネジメントの対象となる性的マイノリティ当事者に焦点をあて，個人的要因の研究を行った．個人に複数のダイバーシティが存在すると考えられるため，単なる性的マイノリティ当事者といった対象の選択基準ではなく，日本社会において性的マイノリティ当事者はもう一つのダイバーシティ側面を持つ当事者であり，そのような当事者を本章の研究対象［二つのマイノリティ側面を同時に持つ労働者（ダブルマイノリティ）］とした．研究対象として日本企業でどのような問題や悩みを抱えているか，ダイバーシティマネジメントの実施困難の個人的要因とは何かを明らかにした．「職場における問題解決基準の揺れ」と「ワークライフバランスの維持困難」

といった問題点が発見され，ダブルマイノリティ当事者の特質や独自の問題解決の優先順位が存在することも分かった．また，ダブルマイノリティ当事者は計九つのステップを入社前（来日前），入社後，転職後（帰国後）といった三つの期間に分け，職場の問題を解決するプロセスを経る．ダブルマイノリティ当事者は二つのマイノリティ側面を持つため，一つのマイノリティ側面を利用し，もう一つのマイノリティ側面の問題を解決する事象が発見できた．また，日本社会で直面する問題点が生じやすいため，キャリアビジョンやキャリアプランの早期形成ができれば，問題に直面した際により適切な解決方法を見つけることにつながる．

1.5. 第5章：メンタルヘルスの影響要因

新型コロナウィルスの影響により，性的マイノリティ当事者の労働環境及びメンタルヘルスには大きな変化が生じている．ダイバーシティマネジメント実施の新たな要因としてメンタルヘルス関連のものが考えられるため，性的マイノリティ当事者の職場におけるメンタルヘルスの構成要因を分析し，ダイバーシティマネジメントとの関係性を考えた．結果として，性的マイノリティ当事者の職場におけるメンタルヘルスの構成要因は合計九つ発見できたが，どのような要因が有意に影響を与えているかを見出すため，重回帰分析を行った．最終的に，「第一因子：職場環境のサポート」，「第七因子：仕事の柔軟性」，「第九因子：勤務意欲」はメンタルヘルスに有意に正の影響を与え，「第二因子：情緒的な不安」はメンタルヘルスに有意に負の影響を与えることが明らかになった．影響要因に基づき，職場でのメンタルヘルスが重要視されている現在，企業側は当事者のニーズにより合うダイバーシティマネジメントを実施する必要がある．一方，非対面式の勤務スタイルにより，当事者ニーズをさらに把握しにくくなったため，性的マイノリティ当事者に対し，適切な心理的なサポートはより重要だと考えられる．

1.6. 第6章：日本企業に存在する認識ズレ

第5章で言及したメンタルヘルス問題以外，日本企業には性的マイノリティに関する認識ズレという問題も存在する．例として，実施されているLGBT施策に対し，LGBT当事者と非当事者の間に認識ズレがあると考えられる．従って，「就職および転職活動」，「仕事およびキャリア構築」，「他の社会側面との関連」といった三つのカテゴリーに分け，どのような認識ズレがあるかを考察した．結果として，就職および転職活動に関して，当事者は非当事者が考えているほど就職及び転職活動において，性的指向及び性自認関連の困難に直面していないことが明らかになった．また，仕事およびキャリア構築に関して，非当事者男性と非当事者女性との間に認識ズレが多く見られ，特にカミングアウトの理解において，非当事者より当事者が比較的ネガティブに考えていることが明らかになった．さらに，他の社会側面との関連に関して，職場以外の生活場面で当事者と非当事者の認識の多くは乖離し，非当事者には数多くの誤解が生じていた．今後，性的マイノリティ当事者を特別扱いすると感じさせないように，ダイバーシティマネジメントを修正し，非当事者にもより「真の性的マイノリティ当事者」に関する知見を伝えることが重要である．

1.7. 第7章：日本型ダイバーシティマネジメントモデルの提案

第1章から第6章では，日本型ダイバーシティマネジメントモデルの提案について，多くの側面で考察を行った．より日本企業に適したモデル提案を行うため，現在の日本型ダイバーシティマネジメントの特徴を整理し，「異なる対象者の取り組みを同質化させる傾向」と「カミングアウトに関する不十分な理解」といった二つの問題点を明らかにした．上述した問題点を改善する日本型ダイバーシティマネジメントモデルの提案を行った．ベースモデルであるダイバーシティイニシアティブの実行プロセスモデル［Agars & Kottke 2002］に対し，「ステージの変更」，「要因の追加」，「構造の調整」といった修正を行った．特

に，本書の対象である性的マイノリティ当事者は職場で問題に直面する前の段階において多くの要因が発見されたため，問題が生じる前のステージとして，「勤務前のステージ」を設定した．また，従来のモデル要因の数が限られており，要因の検討が不十分であるため，本章にて明らかになった要因を追加した．最後に，「社会的脅威」や「社会的支援」のような新しいカテゴリーとして命名し，要因の属性を分類し，モデルの構造も変更した．社会的脅威，社会的支援，組織的要因，個人的要因はすべてのステージにおいて存在し，「性的マイノリティの非可視化」，「社会風潮との合致度」，「バランスの維持」，「マイノリティの捉え方」といった特徴が本モデルの特徴としてまとめた．

2．一緒に歩む困難はどこにあるか

日本企業に対し，性的マイノリティ当事者を対象とするダイバーシティマネジメントモデルを提案したが，果たして日本企業は性的マイノリティ当事者と一緒により明るい未来を迎えられるかを言われると，まだ大きく阻まれていると考えられる．日本企業と性的マイノリティ当事者が置かれている環境や状況を鑑みつつ，考えられる困難を見てみよう．

2.1. 企業の対応限界

本書は日本企業で実施する性的マイノリティ当事者に対する取り組みを多側面で分析を行った．ダイバーシティマネジメントを効果的に実施するモデルまで提案したが，果たして性的マイノリティ当事者の問題は緩和されるであろうか．企業は効果的な取り組みを実施できた原因として，他のステークホルダーとの協力が挙げられた．性的マイノリティ当事者の生活にあたり，「企業での勤務」という側面のほか，普段の交友関係，恋人との葛藤，親戚との付き合いなど複数の生活側面が考えられる．また，企業以外の側面で起きた問題は企業

という側面に持ち込まない傾向があり，企業で性的マイノリティ当事者の悩み
を対応できる部分はほんの一握りである．想像してみよう．友人と金銭のトラ
ブルがあった，恋人と別れた，親と喧嘩した，このような問題を性的マイノリ
ティ当事者は勤務先で改善しようと思わないのであろう．勤務先に性的マイノ
リティ当事者のダイバーシティマネジメント内容があるとしても，問題解決に
はならない場合がほとんどである．そうすると，企業の取り組みは問題をカバー
する範囲は非常に限られている．また，企業で実施するダイバーシティマネジ
メントには法律という大きな障壁が存在する．現在，日本企業ないし自治体は
同性パートナーシップ制度を導入しているが，「同性婚」は日本でまだ認めら
れていないため，遺産の相続や子どもの親権などの問題になると，企業内での
同性パートナーシップ制度が「法的効力」はないとみなされる．

　上述した事例のほかにも企業の取り組みが制限されることが多々ある．
LGBT 法連合会［2016］の事例を見てみよう．ゲイであることが言えないため
に，キャバクラのような風俗店への誘いを断れなかった当事者がいる．勤務時
間外での集まりのように，性的マイノリティ当事者は職場以外の生活場面にお
いても，問題に直面している．また，言語や家族による葛藤が生じ，多くの外
部環境による勤務に対するネガティブ効果が「ダブルマイノリティ当事者」の
章にて確認できる．換言すれば，性的マイノリティ当事者のワークライフバラ
ンスを維持することが非常に困難である．このような事象は性的マイノリティ
当事者の勤務にも悪影響を及ぼす可能性があり，勤務環境が悪化していく恐れ
もある．日本企業と性的マイノリティ当事者はともに歩む道には企業だけで解
決できない問題が生じ，社会全体で性的マイノリティ当事者が直面する問題を
改善する風潮が必要とされる．残念ながら，日本はまだそのような社会になっ
ておらず，日本企業のダイバーシティマネジメントの実施は，いずれ性的マイ
ノリティ当事者がより過ごしやすい環境につながる先駆的なものが現れる日を
期待できる．

2.2. 当事者自身の「認識」

　一方，性的マイノリティ当事者を対象とした日本企業の取り組みには，当事者自身による阻害も存在する．第7章で強調した日本企業の特有な文化特性により［有村 2008］，本来異なる従業員を一括して管理してしまう問題が存在している．「出る杭は打たれる」ということわざのように，集団主義が主な価値観となる企業には「十人十色」の存在は「異質」として捉えられる．その「異質」はマイナス評価且つネガティブな効果が伴う．その文化背景がある企業で勤務する性的マイノリティ当事者は「標的」にならないように，性的マイノリティであることを意思表明する意欲は非常に低いと考えられる．社外活動にも同じことが言えよう．自身のカミングアウトは性的マイノリティ全体に与える良い影響があるかと疑問に思う当事者がいるため，社外活動に所属する企業の「当事者」として参加することを拒んだケースが考えられる．前の章ですでに言及しているが，性的マイノリティ当事者の職場でのカミングアウト意欲が低いため，対象となる当事者を特定することができず，相応しい取り組みの内容が産出されないといった悪循環に陥る問題点が存在している．第6章で説明した職場の認識ズレのように，性的マイノリティ当事者の職場でのカミングアウト意欲は非当事者が考えるほど高くないため，性的マイノリティ当事者が望んでいる職場に関する理解に齟齬が生じている．

　しかし，このような環境が徐々に変化している．「ダブルマイノリティ」の第4章にて，性的マイノリティ当事者は自身が持つマイノリティ側面を利用し，職場で直面した問題を避けることができたという結果が得られた．性的マイノリティ当事者自身は一つ以上のマイノリティ側面を持つ可能性があることを強調しておきたい．複数のマイノリティ側面により，職場の問題を解決するには選択基準の揺れが生じるが，「マイノリティ側面の利用」は可能であることに変わりはない．換言すれば，マイノリティを開示することにより，自身を守ることにつながることもある．無論，ここの自己開示はむやみに誰にでも「カミ

ングアウトしろ」という要求をしている訳ではなく，むしろ，カミングアウト
しないという選択をする権利も自己開示であることを強調しておきたい．だが，
自分自身の性的マイノリティを正しく理解し，社会で「歪んだ理解」がされて
いる性的マイノリティのイメージを自ら抹消する必要がある．また，性的マイ
ノリティは当事者の総称となり，すべてのセクシュアリティに関する知識や知
見を有しているとは限らない．時には，性的マイノリティ当事者の内部にも「差
別」が生まれ，「差別」される側から「差別」するに移行という現象が生じ，
差別の再形成につながってしまった［三橋 2010］．残念ながら，当事者は自身
のことを正確に認識し，適宜な方法で自己表現をすることが難しく，正しく他
の性的マイノリティ当事者のことを認識することはできていない現状は共創の
道の困難となる．

2.3. 地域による格差

　上述した困難のほか，性的マイノリティ当事者が生活する地域による格差も
共創の道を大きく阻止している．筆者は本書を執筆する際，多くの日本企業や
性的マイノリティ当事者にインタビューをし，企業側がダイバーシティマネジ
メントの実行が難航する原因や，個人側が当事者として勤務時の問題を分析し
た．また，調査に応じてくださった性的マイノリティ当事者と普段の生活にお
いて，「当事者が生活する地域」による性的マイノリティに対する認識の格差
がかなり大きいことが発覚した．本書で取り上げた効果的に取り組みを行えた
企業はすべて東京もしくは大阪に本社を構えており，ダブルマイノリティ当事
者もすべて東京で勤務している，もしくは勤務していた．「MARRIAGE FOR
ALL JAPAN」というNPO団体は「渋谷区・認定NPO法人虹色ダイバーシ
ティ　全国パートナーシップ制度共同調査」によると，2024年3月1日の時点，
日本全国397の自治体はパートナーシップ制度を導入しているが，申請実績の
ない自治体は数多く存在している．東京都の746組の交付実績があるに対し，

山梨県の県庁所在地である甲州市の交付実績は0組である．同性パートナーシップ制度は性的マイノリティに対する取り組みの一つに過ぎないが，性的マイノリティ当事者が生活する環境は企業のダイバーシティマネジメントを大きく左右する可能性が考えられる．

第5章にて，当事者のメンタルヘルスに影響する要因を検討した．確かに，コロナウィルスの流行は，性的マイノリティ当事者の身体的健康，精神的健康，経済的安定など，生活環境を悪化させている［Nowaskie & Roesler 2022］ため，性的マイノリティ当事者は，健康面において，非当事者より劣悪な状況に直面していると想像できる．そこで，生活する地域の格差により，周りにサポートする環境があるかは重要なポイントになるのではないかと考えられる．筆者の接した性的マイノリティ当事者は生活する地域により，自分自身の性的指向，もしくは性自認に関する認識が大きく乖離していると考えている．人口が多く比較的に大都市で生活している当事者は「性的マイノリティの側面がばれてはいけない」という感覚が少なく，比較的に自分の性的マイノリティを受け入れている．一方，人口が少なく地方都市や中小都市で生活している当事者は「性的マイノリティの側面がばれてはいけない」という感覚を持って生活している印象が与えられる．さらに興味深いことに，本書の調査に協力してくださったとある当事者はインタビュー後，「出身地から離れていると，結婚などの話題があまり言われなく気が楽だが，日本人当事者の場合は日本を離れないと精神的に結構辛いと思う」と語っていた．日本国内の地域格差のみならず，国単位の認識格差も当事者の勤務や生活に影響を与える可能性がある．

3．「今」できることとは何か

上述した困難は即座に解決できるものが少なく，日本企業は性的マイノリティ当事者とともに歩む道を目指すには，まだ長い道のりがあるように思われ

る．だが，「今」できることとは何かを考えた結果，「当事者自身にできること」，「非当事者にできること」，「企業にできること」に分け，筆者の見解を述べてみたい．

3.1. 当事者自身にできること

　性的マイノリティ当事者を一つの概念のように取り扱ってきたが，性的マイノリティ当事者の中，異なる性自認や性的指向を持つ当事者が多く，代表的な当事者である LGBT よりはるかにバリエーションが多い．しかし，完全に自分のことを理解していない，もしくは否定的に捉える当事者が依然として存在する．社会風潮が変化する現在，日本においてセクシュアリティのマイノリティは「犯罪」ではないため，肯定的に自分の性的マイノリティを捉えることを提案する．また，2021年にパナソニック社が出した CM「Think Your Normal」で訴えた「普通の反対は異常ではなく，もう一種の普通だ」のように，性的マイノリティ当事者は自分自身が「一種の普通」という認識をすべきだと提案したい．さらに，当事者のカミングアウト問題に関して，表面上で不利益を被ることはないが，カミングアウトに伴う職場での悩みは起きる可能性があるため，日本企業でのカミングアウトは現段階ではハードルの高い行為だと見做される．そこで，社会的地位の比較的に高い当事者によるカミングアウトは社会への影響力が高いと考えられるため，当事者は現在より高い社会的地位につくようになってから，カミングアウトすることを提案したい．なぜなら，カミングアウトできる環境がまだ整っていない現在，社会的地位の高い当事者のカミングアウトは影響力をもたらす行動であり，より効果的だと思われるからである．

3.2. 非当事者にできること

　日本企業に所属する非当事者は実に大きな影響を与えている．一般的に職場の上司の支援と相互支援は職場でのストレスの軽減やストレッサーの影響の軽

減に大きく寄与する［服部ほか 2023］と明らかになった．上司と部下といった垂直的な支援と従業員同士の水平的な支援は，従業員が抱えるストレスの軽減が考えられる．性的マイノリティ当事者のメンタルヘルスに影響する因子として「職場環境のサポート」が得られており，職場の上司及び同僚とのコミュニケーションが当然その中に含まれる．同僚と意見の食い違いや作業環境への抵抗といった組織文化の不一致が生じる場合，「職場不適応」［廣 2023］が生まれる．「職場不適応」が生じた際，予想外の態度や行動を取り，周囲の関係者が困惑する傾向がある．また，非当事者による無関心，もしくは嫌悪を示すような態度は当事者を傷つけている．そこで，非当事者はなるべく性的マイノリティ当事者のことを正しく理解し，支援者になることを提案したい．なぜなら，「アライ」である理解者は，率先的に性的マイノリティ当事者が他の従業員と平等の扱いをされていると思える職場環境を作り上げる一方，性的マイノリティに対する非友好的態度を示す非当事者は当事者のメンタルにダメージを与えているからである［村木・五十嵐 2017］．また，非当事者はダイバーシティマネジメント内容を考案する際，自身の性別によるバイアスを取り除き，性別による認識の違いがあることを念頭に置くことで，より洗練された取り組みが生まれる可能性が大きくなる．

3.3. 企業にできること

　性的マイノリティに関する研究は，経営学の組織研究以外の研究領域では盛んに行われている．当事者の心理的変化や学校教育における研究が代表例として挙げられる．二宮［2017］によると，性的マイノリティに対する社会理解が進み，教育機関では差別をなくす教育が施され，多くのメディアに取り上げられ，司法における性的マイノリティの権利保障といった動きが見られたことが明らかになった．社会における多くの側面では，性的マイノリティ当事者への関心が高まっている．だからこそ，LGBT に代表される性的マイノリティ当事

者への取り組みの検討が遅れている日本企業は，今まで以上に性的マイノリティ当事者を対象として，ダイバーシテマネジメントを実施することを提案したい．今後，性的マイノリティ当事者への取り組みに着目し，深層的な対象に焦点を当てることで，組織側のダイバーシティマネジメントの実施に関する問題点を明らかにする．また，学校から職場まで徹底した教育を行うことが重要だ［Stotzer 2009］と述べられたが，日本企業という職場でLGBTのような性的マイノリティ当事者に関する教育は行き届いておらず，早急に現状が改善されることが望ましい．そこで，前述した当事者及び非当事者全員に対し，性的マイノリティ当事者に関する教育を施すことにより，日本企業と性的マイノリティ当事者がともに歩む道が現れ，日本型ダイバーシティマネジメントがさらに進化していくのであろう．

４．本書の限界と展望

本書は，性的マイノリティ当事者を対象とするダイバーシティマネジメントモデルの提案を行い，組織的要因，個人的要因，新たな要因といった三つの側面でモデルの修正を試みた．しかし，各章に研究限界が存在し，本書では明らかになっていない部分や今後の研究課題が残されている．これから，本書における研究限界を述べ，今後の研究の方向性を説明する．

4.1. トランスジェンダー当事者のデータの欠陥

本書では，性的マイノリティの個人的要因を明らかにするため，ダブルマイノリティ当事者を対象とし，研究を行った．しかし，調査対象者には外国籍且つトランスジェンダーの当事者がおらず，トランスジェンダーという側面での分析が得られなかった．LGBTという比較的大きい概念は「性的指向と性自認」にさらに分類でき，トランスジェンダーという性自認の性的マイノリティの分

析が欠如していると思われる．NijiVOICE2019報告書によると，「トランスジェンダーの従業員へのサポート」に関して，トランスジェンダーの当事者が58.2%は必要であると感じたのに対し，LGBの当事者は35.6%，また非当事者は49.9%となり，それぞれ－22.6%と－8.3%の差が存在していることが明らかになった．田多井 [2018] は，トランスジェンダーという性的マイノリティがLGBと異なる性的マイノリティのため，どのように日常生活を送っているかにスポットが当たらず，その中の労働問題についても抜け落ちがあると述べた．見た目が生理的性別と異なると，職場で揶揄われる対象になりかねない上，ほかの性的マイノリティの当事者に比べ，トランスジェンダーの方が外見で性的マイノリティ当事者であることが比較的分かりやすいため，より多くの問題を抱えていることが予想される．しかし，トランスジェンダーの当事者が抱える問題はLGBTという一つの集団で埋もれてしまうことがある．従って，トランスジェンダー当事者に限定した研究は今後の方向性として考えている．

4.2. 調査時期による制約

本書における実証研究は，2020年から2023年まで約4年間をかけて行った．第1章で述べたように，社会全体は性的マイノリティに対する態度や考え方が変化しつつあり，実証研究を行った調査は調査時期のイデオロギーにより制約を受けていると考えられる．例として，第5章の調査は2023年2月に実施したアンケートの回答に基づき，分析したものである．厚生労働省の「第117回新型コロナウイルス感染症対策アドバイザリーボード」[2023] によると，2023年2月に入り，新型コロナウィルスの感染者数は2023年1月10日より，継続的に減少する傾向であったと明らかになった．救急搬送困難などといった案件も減り，日本全国の感染状況は比較的安定していると推測できる．こういった時期での調査だったため，因子分析で抽出された因子4「通院ハードル」及び因子5「身体的不快感」は統計上直接的な影響が見られなかったと考えられる．ま

た，因子3「仕事の過負荷」と因子8「感情的不快感」は，調査時にすでに改善できている可能性があり，性的マイノリティ当事者のメンタルヘルスには統計上直接的な影響が見られなかったとも考えられる．さらに，本書で分析した職場のメンタルヘルスの構成因子は性的マイノリティ当事者の特有の因子なのかの検討を行なっていない．非当事者に同じアンケート調査を実施した結果と比較し，性的マイノリティ当事者特有の因子を明らかにすることは今後の方向性として考えている．

4.3. 提案モデルの有効性

　本書では，日本企業における性的マイノリティ当事者を対象とするダイバーシティマネジメントモデルの提案をした．実際，このモデルを用いてダイバーシティマネジメントの産出は可能なのか，モデルの有効性を今後の研究方向性として考えられる．また，提案モデルに含まれていない要因が新たに現れる可能性も考えられる．例として，組織的要因及び個人的要因を特定する際，勤務年数といった変数への検討はなされていなかった．会社に入社し，新人として業務への不慣れや知識不足により，うまく仕事を進められないケースも考えられる．無論，ダブルマイノリティのそれぞれの側面で問題に直面していることが明らかになったが，新人という側面によってもたらされた影響もあると考えられる．そのような影響は新人の時期に混同しやすいため，果たしてどの側面の影響による問題なのかは判別しかねており，当事者のインタビューの中にも同じような発言が見られた．業務の不適応感と勤務年数とは有意な負の関係があり，勤続年数の増加により職場の適応能力も向上する[高瀬・河野 2018]．従って，本書で提案したモデルを実際に日本企業に導入し，新たに追加した要因に着目しつつ，その有効性を検討する必要性がある．

注

1）2024年6月時点.

2）社会的地位は，所得，職位，もしくは職業の種類による分け方が存在する．本書においては，社会的地位について職位による分け方をしており，役職の高い人が社会的地位の高い人と定義する.

#　あ　と　が　き

　本書は，日本企業における性的マイノリティ当事者を対象とした日本型ダイ
バーシティマネジメントモデルの構築を目的としています．Agars & Kottke
［2002］の「ダイバーシティイニシアティブの実行プロセスモデル」を基に，修
正を加えた上で，日本企業向けのオリジナルモデルを提案しました．

　概要及び基礎知識の紹介を行った序章と研究の限界及び今後の研究方向性を
示した終章を除き，本書は7章構成です．第1章では，日本企業におけるダイ
バーシティマネジメントの捉え方を比較し，既存のダイバーシティマネジメン
トモデルを紹介しました．第2章では，性的マイノリティ当事者とダイバーシ
ティマネジメントの関係性を述べ，既存の取り組みの問題点を明らかにしまし
た．第3章では，効果的な取り組みを実施した日本企業と効果的な取り組みを
実施していない企業の比較を用いて，効果的な実施原因を検討しました．第4
章では，性的マイノリティ当事者に焦点を当て，職場で直面する問題のより深
層な原因を検討しました．第5章では，性的マイノリティ当事者の職場でのメ
ンタルヘスに影響を与える因子分析を行いました．第6章では，当事者と非当
事者の比較を用いて，職場での認識ズレを見つけました．第7章では，日本型
ダイバーシティマネジメントモデルの提案を試みました．

　本書は上述した学術的な貢献を明記すると同時に，実際に日本企業は性的マ
イノリティ当事者を対象とする際に，ダイバーシティマネジメントの問題点を
指摘し，改善策の提案といった実践的知見も記述しました．特に，性的マイノ
リティ当事者は職場でのカミングアウトの捉え方，ダイバーシティマネジメン
トの実施内容，非当事者が与える影響など，重点的に分析しました．本書は研
究書として位置付けていますが，企業で効果的にダイバーシティマネジメント

を実施するための根拠を提示し，実際に当事者および非当事者が勤務する際のヒントを提供できれば幸いです．現在の日本企業は，性的マイノリティ当事者に関する認知は以前よりはるかに広まっていますが，当事者が「ありのまま」で勤務できるとは言い切れません．本書を手に取った読者は，提案したダイバーシティマネジメントモデルを参照し，今後働きやすい職場にするような行動が期待されます．

　最後に，本書の執筆に携わった研究者，編集者，そして協力者に感謝の意を表します．多様性を尊重し，包摂する社会の実現に向けて，読者の皆さんが重要な役割を果たすと信じています．今後も，より効果的なダイバーシティマネジメントが日本企業で施されますよう，努めていきましょう．

　　謝　　　辞

　本書の執筆をするにあたり，ご指導を頂きました先生方々及び倫理審査をしてくださった事務室の方々に心より深謝を申し上げます．また，インタビュー調査を快く承諾してくださった6社の担当者，及び12名の研究対象者をはじめ，アンケート調査に答えてくださった協力者全員に心より深謝いたします．ダイバーシティマネジメントをはじめ，日本企業におけるマイノリティ研究に稀少且つ貴重なデータを提供してくださり，厚く御礼を申し上げます．

　　　2024年6月

　　　　　　　　　　　　　　　　　　　　　　　　閻　　亜　光

初 出 一 覧

本書は筆者の博士論文（「日本企業における日本型ダイバーシティマネジメントモデル研究——性的マイノリティ当事者を対象として——」（A Study of Japanese Diversity Management Model in Japanese Companies : Targeting Sexual Minority）2024年3月）を書籍化したものである．また本書の基となった既刊論文の初出は以下の通りである．なお，いずれも書籍化に際して加筆・修正を行っている．

「日本企業のダイバーシティマネジメントにおける新たな着目点と提言——概念・実態の検討を通して——」『地域情報研究』（11），2022年，pp. 42-70.（第1章）

「日本企業における性的マイノリティ取り組みの捉え方と新たな方向性——文献レビュー研究を用いて——」『社会システム研究』（46），2023年，pp. 97-148.（第2章）

「ダイバーシティマネジメントに基づく日本企業における LGBT の施策と展望——SCAT 分析を用いた日本の LGBT 先進企業の事例より——」『ビジネスジャーナル』（15），2021年，pp. 27-58.（第3章）

「コロナ禍における職場でのメンタルヘルスの因子分析及び考察——性的マイノリティ当事者を対象として——」『地域情報研究』（13），2024年，pp. 1 -34.（第5章）

「職場で行われる LGBT 施策に対する認識ズレ及び職場環境分析——LGBT 当事者と非当事者男女との比較を用いて——」『社会システム研究』（43），2021年，pp. 131-180.（第6章）

参 考 文 献

〈邦文献〉

LGBT 法連合会［2016］『「LGBT」差別禁止の法制度って何だろう？——地方自治体から始まる先進的取り組み——』かもがわ出版.

赤堀渉・中谷桃子・橋本遼・山下直美［2022］「COVID-19の流行による在宅勤務時の職場の同僚間の関係性とメンタルヘルスの分析」『情報処理学会論文誌』63（2），pp. 401-412.

有村貞則［2008］「日本のダイバーシティ・マネジメント論」『異文化経営研究』 5，pp. 55-70.

安婷婷・BERRY Brian David［2023］「日本の外国人留学生への COVID-19の影響」『留学生交流・指導研究』25（0），pp. 7-20.

五十嵐奈美佳・宇田川翼・川上優花・松田滉生・山本莉々［2020］「日本のダイバーシティ経営」『早稲田社会科学総合研究』別冊，pp. 167-178.

五十嵐泰正［2000］「『外人』カテゴリーをめぐる 4 類型——職場における人種間関係の事例研究から——」『社会学評論』51（1），pp. 54-70.

石田英夫・梅澤隆・永野仁・蔡荏錫・石川淳［2002］『MBA 人材マネジメント』中央経済社.

石田仁［2019］『はじめて学ぶ LGBT：基礎からトレンドまで』ナツメ社.

石原英樹［2012］「日本における同性愛に対する寛容性の拡大——『世界価値観調査』から探るメカニズム——」『相関社会科学』22，pp. 23-41.

井上詔三［2015］「ダイバーシティ＆インクルージョン推進と経営成果（特集ダイバーシティ・マネジメント）」『立教ビジネスレビュー』 8，pp. 32-40.

牛尾奈緒美・志村光太郎［2018］「障害者雇用とダイバーシティ・マネジメント——特例子会社スミセイハーモニーを事例として——」『情報コミュニケーション学研究』18，pp. 81-95.

及川健二［2019］「『金曜日』で逢いましょう 聴覚障害と性同一性障害のダブルマイノリティを生きる 武島芽衣子さん」『金曜日』27（2），p. 47.

大塚薫・標葉隆馬［2019］「日本の社会学分野学会におけるセクシュアルマイノリティ差別対策の現状」『グローカル研究』 6，pp. 31-50.

大坪真利子［2020］「性的マイノリティのカミングアウトの根拠としての『不可視』論再考」『早稲田大学総合人文科学研究センター研究誌』 8，pp. 41-51.

岡本百合［2021］「大学生における LGBT」『心身医学』61（7），624-628.

小川正人・大平真紀子・唐木義子［2018］「環太平洋大学の外国人留学生の就職動向と就職支援の取り組み」『環太平洋大学研究紀要』13，pp. 113-118.

奥林康司・平野光俊［2014］『多様な人材のマネジメント』中央経済社.

尾﨑俊哉［2017］『ダイバーシティ・マネジメント入門──経営戦略としての多様性──』ナカニシヤ出版.

小野浩［2016］「日本の労働時間はなぜ減らないのか？──長時間労働の社会学的考察──」『日本労働研究雑誌』677，pp. 15-27.

小畑文也・勝夏織・合田樺恋・山本智美［2022］「大学のセクシュアルマイノリティに関わるガイドラインの概要と問題点──テキストマイニングによる分析──」『山梨障害児教育学研究紀要』16，pp. 65-72.

風間孝・飯田貴子［2010］「男同士の結びつきと同性愛タブー──スポーツをしている男性のインタビューから──」，好井裕明編『セクシュアリティの多様性と排除』明石書店.

加藤丈晴［2019］「性的マイノリティに対する雇用差別の実態と法的対応」『法と政治』70［1］，pp. 477-502.

加藤寛［2020］「COVID-19パンデミックがもたらす心理的影響」日本トラウマティック・ストレス学会.

神谷悠一・松岡宗嗣［2020］『LGBTとハラスメント』集英社.

河嶋静代［2020］「大学のSOGIの多様性に関する取り組みの現状と課題──大学における新しい価値を創造する社会的包摂の実践──」『北九州市立大学文学部紀要』27，pp. 53-69.

川田恵介［2021］「新型コロナ・ウィルスが雇用に与える影響」『日本労働研究雑誌』63（4），pp. 2-7.

木下康仁［2007］「修正版グラウンデッド・セオリー・アプローチ（M-GTA）の分析技法」『富山大学看護学会誌』6（2），pp. 1-10.

楠本徹也［2018］「日本の職場における中国人従業員の日本人とのコミュニケーション問題」『東京外国語大学留学生日本語教育センター論集』44，pp. 35-48.

櫻木晃裕［2017］「日本における成果主義の変遷と課題」『第35回韓国日本近代学会国際学術大会学術論文発表旨集』pp. 454-468.

─────［2021］「組織におけるダイバーシティ・マネジメント構築に向けての基本的視座──LGBTQを包括した人的資産フローの有効性──」『宮城大学研究ジャーナル』1（1），pp. 63-72.

佐藤博樹［2017］「ダイバーシティ経営と人材活用──働き方と人事管理システムの改革──」，佐藤博樹・武石恵美子編『ダイバーシティ経営と人材活用：多様な働き方を支援する企業の取り組み』東京大学出版会.

佐藤裕紀子［2019］「性的マイノリティ当事者との接触経験がもたらす教育的効果──ジェンダー・ダイバーシティ教育の視点から──」『茨城大学教育実践研究』38，pp. 35-44.

島津明人［2022］「仕事の心理社会的要因とメンタルヘルス」『心身医学』62（6），pp. 471-

475.

清水奈名子・中村真・出羽尚［2019］「多文化共生をめぐる課題へのマスメディアによる影響──異分野融合的課題をテーマにした実験授業の分析──」『宇都宮大学国際学部研究論集』47，pp. 63-75.

杉原秀保［2021］「ニューノーマル時代のチームビルディングに関する提言」『プロジェクトマネジメント研究報告』1（1），pp. 63-67.

鈴木賢［2019］「LGBT＋相互の連帯と分断」北海道大学大学院文学研究科応用倫理研究教育センター.

鈴木文子・池上知子［2020］「カミングアウトによる態度変容──ジェンダー自尊心の調整効果──」『心理学研究』91，pp. 235-245.

荘島幸子［2010］「性別の変更を望む我が子からカミングアウトを受けた母親による経験の語り直し」『発達心理学研究』21（1），pp. 83-94.

白石弘幸［2010］「ダイバーシティ・マネジメントの本質と意義」『金沢大学経済論集』31（1），pp. 135-160.

田尾雅夫［2012］『やわらかアカデミズム・〈わかる〉シリーズ　よくわかる組織論』ミネルヴァ書房.

高瀬加容子・河野和明［2018］「看護師の完全主義傾向及び業務不適応感の勤続年数による差異」『東海学園大学研究紀要：人文科学研究編』23，pp. 25-35.

武石恵美子［2017］「ダイバーシティ推進と転勤政策の課題──社員の納得性を高めるために──」，佐藤博樹・武石恵美子編『ダイバーシティ経営と人材活用：多様な働き方を支援する企業の取り組み』東京大学出版会.

武石恵美子・坂爪洋美・松浦民恵［2021］「ダイバーシティ経営に適合する人事管理と職場マネジメント──ドイツ・スイス企業インタビュー調査からの示唆──」『日本労務学会誌』，22（1），pp. 73-85.

田多井俊喜［2018］「クィア理論とトランスジェンダー──性的差異について──」『京都社会学年報』26，pp. 51-61.

谷口真美［2005］『ダイバーシティ・マネジメント──多様性をいかす組織──』白桃書房.

────［2008］「組織におけるダイバシティ・マネジメント」『日本労働研究雑誌』50（5），pp. 69-84.

チョチョウィン・加藤里美［2020］「経済産業省『新・ダイバーシティ経営企業100選』にみるダイバーシティ経営の特徴」『日本経営診断学会第53回全国大会予稿集』pp. 53-56.

辻智佐子・辻俊一・渡辺昇一［2022］「個人の権利に関する裁判例の社会的影響と中間組織：LGBTをめぐる制度議論の動向を事例として」『城西大学経営紀要』18，pp. 19-59.

津田大希・長見まき子・岩根幹能・喜多岡蓮美［2023］「コロナ禍での労働者の抑うつに影響を与える心理的要因の検討──2020年秋の調査から──」『関西福祉科学大学EAP研

究所紀要』16，pp. 29-37.

鶴田幸恵［2010］「性同一性障害のカウンセリングの現実について——ここ十数年の調査から——」，好井裕明編『セクシュアリティの多様性と排除』明石書店.

鄭惠先・永岡悦子［2022］「外国人留学生の『異文化間能力』に対する意識の形成プロセス——質的分析を通して見える社会・文化的な相互作用——」『日本語・国際教育研究紀要』25，pp. 1-24.

手島美衣・内田和利・長谷川博史［2021］『LGBT と労務』労働新聞社.

中井啓人・大藪毅［2015］「日本型 LGBT ムーブメントの提案——日本における欧米型 LGBT ムーブメントの成果と課題から見えること——」慶應義塾大学大学院経営管理研究科.

永田龍太郎［2020］「『見えないマイノリティ』のソーシャルインクルージョン——渋谷区における性的マイノリティ（LGBTQ）に関する実践と課題——」『人工知能』35（5），pp. 622-626.

中塚幹也［2021］「性的マイノリティ当事者を取り巻く現状——法律，結婚，生殖医療など——」『医学のあゆみ』279（4），pp. 288-292.

中村明［2022］「ジェンダー平等／多様性とマネジメント」『Ｐ２Ｍ　マガジン』15，pp. 47-52.

名古道功［2020］「企業のダイバーシティ施策と労働法の課題——LGBT 実情調査を素材として——」『金沢法学』62（2），pp. 115-135.

———［2021］「職場における性的マイノリティの処遇と課題」『日本労働研究雑誌』63（10），pp. 59-70.

二木泉［2015］「『LGBT に関する職場環境アンケート2014』における「差別的言動の事例」の内容分析」『Gender and sexuality : journal of Center for Gender Studies』（ICU），10，pp. 119-132.

錦戸典子・田島麻琴・安部仁美・松本泉美・今井鉄平・寺田勇人・齋藤明子・茅嶋康太郎［2023］「コロナ禍の中小企業における職場環境変化と展開した取り組み，成果，促進要因——経営者・人事労務担当者へのインタビュー調査より——」『産業衛生学雑誌』65（5），2022-034.

二宮周平編［2017］『性のあり方の多様性——一人ひとりのセクシュアリティが大切にされる社会を目指して——』日本評論社.

塗師本彩［2022］「職場環境とメンタルヘルス」『日本労働研究雑誌』64（8），pp. 14-24.

長谷川珠子［2013］「雇用差別禁止法に対する法的アプローチの変遷と課題」『経済産業研究所ディスカッションペーパー』13-J-027.

羽田野花美・多久島寛孝・末永芳子・大坪昌喜・岩村純子［2019］「大学生の LGBT に関する実態」『熊本保健科学大学研究誌』16，pp. 141-150.

服部泰宏・神吉直人・矢寺顕行［2023］「就労環境の変化が職務ストレスに与える影響」『日

本労働研究雑誌』63（4），pp. 63-68.

浜田知宏［2020］「［新型コロナ］過度な手洗い，強迫性障害？　先見えない不安，生活に支障も」『朝日新聞』2020年7月15日朝刊.

林桂生［2019］「生きづらさのオートエスノグラフィー――性別違和を伴う勤労中高年ASD（自閉症スペクトラム障害）者――」『大阪大学言語文化学』28，pp. 15-27.

林祥平・森永雄太・佐藤佑樹・島貫智行［2019］「職場のダイバーシティが協力志向的モチベーションを向上させるメカニズム」『日本経営学会誌』42（0），pp. 52-62.

開本浩矢編［2019］『組織行動論』中央経済社.

平田剛士［2018］「先住民族女性たちが告発する複合差別　ダブル・マイノリティ」『金曜日』26（3），pp. 46-47.

平光良充［2021］「職場内での性的マイノリティに関する差別的言動と性的マイノリティの自殺関連行動との関連」『自殺予防と危機介入』41（2），pp. 31-37.

平森大規［2015］「職場における性的マイノリティの困難――収入および勤続意欲の多変量解析――」『Gender and sexuality : journal of Center for Gender Studies』（ICU），10，pp. 91-118.

廣尚典［2023］「職業性ストレスと職場のメンタルヘルス」『産業衛生学雑誌』65（6），pp. 329-340.

藤本久司［2015］「外国につながる子どもの学校外学習支援の課題――三重県内の四つの活動事例から――」『人文論叢：三重大学人文学部文化学科研究紀要』32，pp. 95-107.

辺見佳奈子［2017］「米国におけるダイバーシティ・マネジメントの台頭と理論的展開」『経営研究』68（2），pp. 73-96.

―――――［2018］「日本型ダイバーシティ・マネジメント――働き方の多様化と組織変革――」『組織学会大会論文集』7（2），pp. 465-470.

星賢人［2020］『自分らしく働くLGBTの就活・転職の不安が解消する本』翔泳社.

馬越恵美子［2011］『ダイバーシティ・マネジメントと異文化経営――グローバル人材を育てるマインドウェアの世紀――』新評論.

松本麻希・太田秀樹［2021］「新型コロナ禍［COVID-19］とメンタルヘルスに関する一考察――感染拡大に伴うストレスとパーソナリティ特性からの検討――」『西九州大学子ども学部紀要』59，pp. 74-80.

丸子敬仁［2019］「日本型人事管理システムと長時間労働の関係についての一考察――先行研究のレビューから――」『六甲台論集．経営学編』（神戸大学），66（2），pp. 19-34.

三成美保［2019］『LGBTIの雇用と労働――当事者の困難とその解決方法を考える――』晃洋書房.

三橋順子［2010］「トランスジェンダーをめぐる疎外・差異化・差別」，好井裕明編『セクシュアリティの多様性と排除』明石書店.

宮崎恭子・櫻井大樹・増山敬祐［2021］「喉頭摘出患者の抱える社会的，経済的側面に関するアンケート調査」『音声言語医学』62（2），pp. 134-139.

向井欄［2021］「with コロナ時代のメンタルヘルス労務対応」『関西福祉科学大学 EAP 研究所紀要』15，pp. 9-14.

村木真紀［2016］「LGBT 社員の人事マネジメント」『労政時報』3892，pp. 79-83.

─────［2020］『虹色チェンジメーカー──LGBTQ 視点が職場と社会を変える──』小学館.

村木真紀・五十嵐ゆり［2017］「企業研修ダイバーシティ視点」，二宮周平編『性のあり方の多様性──一人ひとりのセクシュアリティが大切にされる社会を目指して──』日本評論社.

室木栗子・宮崎圭子［2020］「大卒女子の早期離職者と継続在職者の異同の研究──ファーストキャリアにおける心理的プロセスの検討──」『跡見学園女子大学附属心理教育相談所紀要』16，pp. 171-187.

蒙韞・中井陽子［2020］「中国人社員と日本人上司による許可求めのロールプレイ会話の分析──会話参加者の行動と意識から探る外国人材育成のヒント──」『国立国語研究所論集』19，pp. 109-126.

本橋豊・金子善博［2023］「COVID-19とメンタルヘルス──女性・若者・高齢者のメンタルヘルスおよび職場のメンタルヘルスへの影響──」『精神医学』65（3），pp. 347-353.

守島基博［2001］「内部労働市場論に基づく21世紀型人材マネジメントモデルの概要」『組織科学』34（4），pp. 39-52.

森永貴彦［2018］『LGBT を知る』日本経済新聞出版社.

安田裕子・サトウタツヤ［2012］『TEM でわかる人生の径路──質的研究の新展開──』誠信書房.

安田雪［2009］「外国人との人間関係──グローバル化する職場における信頼と相談──」『研究紀要』4（9），pp. 1-12.

柳淳也［2021］「日本企業における性的指向・性自認の多様性に関する基本方針と施策の変化──ダイバーシティ・マネジメントの観点から──」『経営研究』71（4），pp. 71-88.

柳沢正和・村木真紀・後藤純一［2015］『職場の LGBT 読本──「ありのままの自分」で働ける環境を目指して──』実務教育出版.

山岡順太郎・勇上和史・藤岡秀英・鈴木純［2022］「職場のハラスメントがメンタルヘルスや組織に与える影響」『労働安全衛生研究』15（2），pp. 71-83.

山田雅穂［2020］「日本企業の障害者雇用施策とダイバーシティ＆インクルージョン施策の共通性に関する考察──女性，LGBT 及びがん患者の就労支援施策との比較から──」『経済研究所年報』52，pp. 63-81.

山蔦圭輔・三浦佳代・竹中晃二［2021］「医療従事者の職場状況とワーク・エンゲイジメン

トとの関連性」『心理相談研究：神奈川大学心理相談センター紀要』12，pp. 65-77.

湯川恵子［2020］「日本企業における外国人材受け入れの現状に関する研究」『日本経営診断学会全国大会予稿集』20（0），pp. 57-60.

吉澤昭人［2021］「ダイバーシティと高齢者，シニア——KH Coder による新聞記事のテキスト分析——」『千葉経済論叢』65，pp. 147-164.

吉田佳絵・高野研一［2018］「現代企業においてパフォーマンス向上に寄与する組織風土要因に関する研究」『日本経営工学会論文誌』69（1），pp. 1-20.

吉仲崇・風間考・石田仁・河口和也・釜野さおり［2015］「セクシュアル・マイノリティに対する意識の属性による比較——全国調査と大学生対象の先行研究を中心に——」『新情報』103，pp. 20-32.

四元正弘・千羽ひとみ［2017］『ダイバーシティとマーケティング——LGBT の事例から理解する新しい企業戦略——』宣伝会議.

李森［2022］「日本の外国人雇用政策の分析」『福山大学経済学論集』46，pp. 1-12.

林有珍［2019］「ダイバーシティ・マネジメントと女性従業員のモチベーション」『山梨学院大学現代ビジネス研究』12，pp. 35-48.

脇夕希子［2008］「日本型ダイバーシティ・マネジメントの分析視点に関する研究」大阪市立大学　経営学研究科グローバルビジネス専攻博士論文.

————［2012］「ダイバーシティ・マネジメントと企業の戦略性——中小企業を事例として——」『青森公立大学経営経済学研究』17（2），pp. 25-38.

————［2018］「日本の雇用に関する法律の影響による企業の雇用者に対する管理の変化——ダイバーシティ・マネジメントの分析視角を踏まえて——」『経営研究』68（4），pp. 57-76.

渡邉歩［2019］「LGBT に関する教員研修を通じた高校教師の意識の変化」『早稲田大学大学院教育学研究科紀要：別冊』26（2），pp. 13-23.

〈欧文献〉

Agars, M. D. & Kottke, J. L. [2002] "An integrative model of diversity," Paper presented as part of symposium, *Integrating theory and practice in gender diversity initiatives*. Presented at the 17th Annual Conference of the Society for Industrial and Organizational Psychology. Toronto, Canada.

Aucejo, E. M., French, J., Araya, M. P. U. & Zafar, B. [2020] "The Impact of COVID-19 on Student Experiences and Expectations: Evidence from a Survey," *Journal of Public Economics*, vol. 191, pp. 1-15.

Baird, V. [2001] The No-nonsense Guide to Sexual Diversity, New Internationalist Publications in association with Verso（町口哲生訳『性的マイノリティの基礎知識』作品社，

2005年).

Balda, J. B. & Mora, F. [2017] "Adapting Leadership Theory and Practice For The Networked, Millennial Generation," *Journal of Leadership Studies*, 5（3）(https://doi.org /10.1002/jls.20229).

Bapuji, H., Ertug, G. & Shaw, J. D. [2020] "Organizations and societal economic inequality : A review and way forward," *The Academy of Management Annals*, 14（1）, pp. 60-91 (http://dx.doi.org/10.5465/annals.2018.0029).

Comfrey, A. L. & Lee, H. B. [1992] *A First Course in Factor Analysis*, 2nd ed., Hillsdale, NJ : Lawrence Erlbaum Associates.

Cox, T. & Blake, H. S. [1991] "Managing Cultural Diversity : Implications for Organizational. Competitiveness", *Academy of Management Executive*, 5（3）.

Dass, P. & Parker, B. [1996] "Diversity : Strategic Issue," in Kossek, E. & Lobel, S. eds, *Managing diversity : Human resource strategies for transforming the workplace*, MA : Blackwell Cambridge, pp. 365-391.

Eden, L. & Miller, S. R. [2004] "Distance matters : Liability of foreignness, institutional distance and ownership strategy," in Hitt, M. A. & cheng, J. L. C. eds., *Theories of the Multinational Enterprise : Diversity, Complexity and Relevance*. Emerald Group Publishing Limited.

Eliason, M. J. & Schope, R. [2007] "Shifting sands or solid foundation? Lesbian, gay, bisexual, and transgender identity formation," in Meyer, I. H. & Northrige, M. E. eds., *The health of sexual minorities*, MA. Boston : Springer, pp. 3 -26.

Ely, R. J. [2004] "A field study of group diversity, participation in diversity education programs and performance," *Journal of Organizational Behavior*, 25（6）, pp. 75-780.

Galupo, M. P. & Resnick, C. A. [2016] "Experiences of LGBT microaggressions in the workplace : Implications for policy," *Sexual orientation and transgender issues in organizations*. pp. 271-287. Springer, Cham.

Gary, P. N. [1990] "One More Time : Do Female and Male Managers Differ?" *Academy of Management Executive*, August Vol. 4 , Issue 3 , p. 68.

Gilbert, J. A., Stead, B. A. & Ivancevich, J. M. [1999] "Diversity management : A new organizational Paradigm," *Journal of business ethics*, 21, pp. 61-76.

Hall, R. [1992] "The Strategic Analysis of Intangible Resources," *Strategic Management Journal*, 13, pp. 135-144.

Hamouche, S. [2020] "COVID-19 and employees' mental health : stressors, moderators and agenda for organizational actions," *Emerald Open Research*, 20（2）, p. 15.

Harrison, D. A., Price, K. H. & Bell, P. M. [1998] "Beyond Relational Demography : Time and the Effects of Surface and Deep level Diversity on Work Group Cohesion," *Academy of Management*, 41（1）, pp. 96–107.

Hensley-Clancy, M.［2020］*Many Trans Students Have Been Forced To Hide Their True Selves Because Of College Closures*. Retrieved July 27, 2020（https：//www.buzzfeednews.com/article/mollyhensleyclancy/coronavirus-college-closures-transstudents）.

Hewlett, S. A. & Sumberg, K.［2011］"The power of out, center for work-life balance," *June, available at： www. Worklife policy. org/documents/CWLP*.

Human Rights Campaign Foundation［2020］LGBTQ Intimate Partner Violence and Covid-19 Retrieved July 27, 2020（http：//assets2.hrc.org/files/assets/resources/ IntimatePartnerVilence_062120.pdf）.

Jackson, S. E., May, K. E. & Whitney, K.［1995］"Understanding the Dynamics of Diversity in. Decision-making Teams," in Guzzo, R. A., E. & Salas, E. eds. *Team Effectiveness and Decision Making in Organizations*, San Fancisco： Jossey-Bass.

James, S.［2020］"Coronavirus economy especially harsh for transgender people," *The New York Times*.

Jones, E. A., Mitra, A. K. & Bhuiyan, A. R.［2021］"Impact of COVID-19 on mental health in adolescents： a systematic review," *International journal of environmental research and public health*, 18（5）, 2470.

Kenny, M.［2004］*The Politics of Identity： Liberal Political Theory and the Dilemmas of Difference*, 1st Edition, Cambridge： Polity Press（藤原孝・山田竜作・松島雪江・青山円美・佐藤高尚訳『アイデンティティの政治学』日本経済評論社，2005年）.

Konnoth, C.［2020］"Supporting LGBT Communities in the COVID-19 Pandemic," Burris, S., de Guia, S., Gable, L., Levin, D. E., Parmet, W. E. & Terry, N. P. eds., *Assessing Legal Responses to COVID-19. Boston： Public Health Law Watch*, University of Colorado Law Legal Studies Research Paper No. 20–47.

Kotera, Y., Ozaki, A., Miyatake, H., Tsunetoshi, C., Nishikawa, Y., Kosaka, M. & Tanimoto, T.［2022］"Qualitative investigation into the mental health of healthcare workers in Japan during the COVID-19 pandemic," *International Journal of Environmental Research and Public Health*, 19（1）, pp. 1 –14.

Lawley, S.［2020］"LGBT + sports and physical activity groups： Coronavirus lockdown survey," Nottingham： Nottingham Business School, Nottingham Trent University.

Lloren, A. & Parini, L.［2017］"How LGBT-supportive workplace policies shape the experience of lesbian, gay men, and bisexual employees," *Sexuality Research and Social Policy*, 14（3）, pp. 289–299.

Lunde, L. K., Fløvik, L., Christensen, J. O., Johannessen, H. A., Finne, L. B., Jørgensen, I. L.,

Mohr, B. & Vleeshouwers, J. [2022] "The relationship between telework from home and employee health : a systematic review," *BMC Public Health*, 22, p. 47.

Mensah, E. B. K. & Tawiah, K. A. [2016] "Employee Motivation and Work Performance : A Comparative Study of Mining Companies in Ghana," Journal of Industrial Engineering and Management, 9 (2), 255–309 (https ://doi.org/http ://dx.doi.org/10.3926/jiem.15 30).

Milliken, F. J. & Martins, L. L. [1996] "Searching for Common Threads : Understanding the Multiple Effects of Diversity in Organizational Groups," *Academy of Management Review*, 21 (2), pp. 402–433.

Nowaskie, D. Z. & Roesler, A. C. [2022] "The impact of COVID–19 on the LGBTQ + community : Comparisons between cisgender, heterosexual people, cisgender sexual minority people, and gender minority people," *Psychiatry research*, 309, 114391.

Oginni, O. A., Okanlawon, K. & Ogunbajo, A. [2021] "A commentary on COVID–19 and the LGBT community in Nigeria : Risks and resilience," *Psychology of Sexual Orientation and Gender Diversity*, 8 (2).

Ozbilgin, M. & Tatli, A. [2008] "A reflection on the value of a multi-tiered perspective of diversity, discourse and equality in the global workplace," *Global Diversity Management : An Evidence Based Approach*, Palgrave Macmillan.

Patrick, H. A. [2010] "Organization culture and its impact on diversity openness in the information technology organizational context," *Dimensions*, 1 (1), pp. 67–72.

Pichler, S., Blazovich, J. L., Cook, K. A., Huston, J. M. & Strawser, W. R. [2018] "Do LGBT-supportive corporate policies enhance firm performance?" *Human Resource Management*, 57 (1), pp. 263–278.

Plöderl, M. & Tremblay, P. [2015] "Mental health of sexual minorities. A systematic review," *International review of psychiatry*, 27 (5), pp. 367–385.

Riley, D. M. [2008] "LGBT-friendly workplaces in engineering," *Leadership and Management in. Engineering*, 8 (1), pp. 19–23.

Sandfort, T. G. M., Bos, H. & Vet, R. [2006] "Lesbians and gay men at work : consequences of being out," in Omoto, A. M. & Kurtzman, H. S. eds., *Sexual orientation and mental health : examining identity and development in lesbian, gay, and bisexual people*, Washington, D.C. : American Psychological Association, pp. 225–244.

Sears, B. & Mallory, C. [2011] *Documented evidence of employment discrimination and its effects on LGBT people*, The Williams Institute, pp. 1 –20 (http ://williamsinstitute.law. ucla.edu/wp- content/uploads/Sears-Mallory-Discrimination-July-20111.pdf).

Stotzer, R. L. [2009] "Straight Ally : Supportive Attitudes Toward Lesbians, Gay Men, and

Bisexuals in College Sample," *Sex roles : A Journal of Reseach*, 60 （1－2）, pp. 67-80.

Sue, D. W., Capodilupo, C. M., Torino, G. C., Bucceri, J. M., Holder, A. M. B., Nadal, K. L. & Esquilin, M. [2007] "Racial microaggressions in everyday life : Implications for clinical practice," *American Psychologist*, 62 （4）, pp. 271-286 （http : //doi.org/10.1037/0003-06 6X.62.4.271）.

Tajfel, H. & Turner, J. C. [1979] "An integrative theory of intergroup conflict," in Austin, W. G. and Worchel, S. eds., *The Social Psychology of Intergroup Relations*, Brooks/Cole, pp. 3-47.

Cox, T., Jr. [2001] *Creating the Multicultural Organization : A Strategy for Capturing the Power of Diversity*, Jossey-Bass.

Thomas, R. R., Jr. [1990] "From affirmative action to managing diversity," *Harvard Business review*, pp. 107-117.

———— [1992] "Managing diversity : A conceptual framework," in Jackson, S. &. Ruderman, M. eds., *Diversity in work teams : Research paradigms for changing workplace*, American Psychological Association, Washington, D. C., pp. 306-318.

Trompenaars, F. [1993] *Riding the Waves of Culture*, London : Nicholas Brealey Publishing.

Tsai, Y. H., Joe, S. W., Liu, W. T., Lin, C. P., Chiu, C. K. & Tang, C. C. [2015] "Modeling job effectiveness in the context of coming out as a sexual minority : a socio-cognitive model," *Review of Managerial Science*, 9 （1）, pp. 197-218.

Webster, J. R., Adams, G. A., Maranto, C. L., Sawyer, K. & Thoroughgood, C. [2018] "Workplace contextual supports for LGBT employees : A review, meta - analysis, and agenda for future research," *Human Resource Management*, 57 （1）, pp. 193-210.

Wei, C. & Liu, W. [2019] *"Coming out in Mainland China : A national survey of LGBTQ students,"* *Journal of LGBT Youth*, 16 （2）, pp. 192-219.

Weinberg, G. [1972] *Society and the healthy Homosexual*, Alyson Publications.

Williams, K. Y. & O'Reilly, C. A. [1998] "Demography and diversity in organizations : A review of 40 years of research," *Research in organizational behavior*, 20, pp. 77-144.

〈ウェブサイト〉

NHK [2015]「LGBT 当事者アンケート調査〜2600人の声から〜」（https : //www.nhk.or.jp/ d-navi/link/lgbt/，2023年5月30日閲覧）.

奥野斐 [2021]「災害時の LGBT 対応まだまだ　本紙調査で判明　配慮明記は半数未満」『東京新聞』（https : //www.tokyo-np.co.jp/article/87372?rct=national，2023年12月5日閲覧）.

カルビー [2023]「ダイバーシティ＆インクルージョンの推進」（https : //www.calbee.co.jp/ sustainability/human-resources/diversity.php，2023年9月13日閲覧）.

共同通信［2020］「コロナ禍で「精神疾患が増加」民間調査，医師の4割指摘」（https://news.yahoo.co.jp/articles/56fc4b87a12af7cc7bc2f7bb71d3f771c88a1afe，2024年5月6日閲覧）.

経済産業省［2021］「ダイバーシティ経営企業100選」（http://www.diversity100sen.go.jp/，2023年5月30日閲覧）.

厚生労働省［2023］「「外国人雇用状況」の届出状況まとめ」（https://www.mhlw.go.jp/stf/newpage_30367.html，2024年5月6日閲覧）.

――――［2023］「第117回新型コロナウイルス感染症対策アドバイザリーボード」（https://www.mhlw.go.jp/content/10900000/001070350.pdf，2024年5月6日閲覧）.

資生堂［2023］「資生堂の女性活躍・ダイバーシティ＆インクルージョン［D&I］の促進」（https://corp.shiseido.com/jp/sustainability/society/gender-equality3/，2023年9月13日閲覧）.

総務省・経済産業省［2022］「令和3年経済センサス―活動調査結果　速報集計」（https://www.stat.go.jp/data/e-census/2021/kekka/pdf/s_outline.pdf，2023年5月30日閲覧）.

電通［2019］「LGBT調査2018」（https://dentsu-ho.com/booklets/347，2024年5月6日閲覧）.

――――［2021］「LGBTQ＋調査2020」（https://www.dentsu.co.jp/news/release/pdf-cms/2021023-0408.pdf，2024年5月6日閲覧）.

内閣府［2021］「令和元年度年次経済財政報告――「令和」新時代の日本経済――」（https://www5.cao.go.jp/keizai3/whitepaper.html，2024年5月6日閲覧）.

虹色ダイバーシティ，国際基督教大学ジェンダー研究センター［2015］「NijiVOICE2015」（https://nijiirodiversity.jp/nijivoice2015/，2020年7月4日閲覧）.

――――［2016］「NijiVOICE2016」（https://nijiirodiversity.jp/nijivoice2016/，2020年7月4日閲覧）.

――――［2017］「NijiVOICE2017」（https://nijiirodiversity.jp/nijivoice2017/，2020年7月4日閲覧）.

――――［2018］「NijiVOICE2018」（https://nijiirodiversity.jp/nijivoice2018/，2020年7月4日閲覧）.

――――［2019］「NijiVOICE2019」（https://nijiirodiversity.jp/nijivoice2019/，2020年7月4日閲覧）.

――――［2020］「LGBTと職場環境に関するアンケート調査2020」（https://nijibridge.jp/wp-content/uploads/2020/12/nijiVOICE2020.pdf，2024年5月6日閲覧）.

プライドハウス東京［2023］「セクシュアル・マイノリティの若者［12～34歳］への新型コロナウイルス感染拡大の影響に関する緊急アンケート」（https://pridehouse.jp/assets/img/handbook/pdf/lgbt_youth_today.pdf，2023年5月30日閲覧）.

Marriage For All Japan［2023］「合計400社，190万人規模を突破．リクルート・三菱地所などHR，不動産大手の他，食品，化学，IT，化粧品など各業界が賛同．同性婚の法制化に賛同する企業数・従業員規模が新たに拡大！」（https://prtimes.jp/main/html/rd/p/

000000046.000054117.html, 2023年 9 月23日閲覧).

三井住友銀行 ［2023］「LGBTQ の働きやすさを実現する，主な取組」（https：//www.smbc.
　　co.jp/aboutus/sustainability/employee/diversity/lgbt/, 2023年 9 月13日閲覧).

労働政策研究・研修機構 ［2021］「記者発表『「第 5 回　新型コロナウイルス感染症が企業経
　　営に及ぼす影響に関する調査」（一次集計）結果』」（https：//www.jil.go.jp/press/docu
　　ments/20211224.pdf, 2024年 5 月 6 日閲覧).

索　　引

〈アルファベット〉

COVID-19（新型コロナウィルス）　87, 101, 175
　　──の影響　101
e ラーニング研修　68
"Harrison, D. A."　4, 20, 191
KMO 検定　109
LGBT　7
　　──施策　34, 35
　　──調査　47
　　──取り組み　7
　　──フレンドリー　55, 139
　　──理解増進法　39
Marriage For All Japan　31
M-GTA　78
NHK　105
NijiVOICE　127
PRIDE 指標　49, 52
SCAT　54
　　──分析　54
SOGI　8, 34
SOGIESC　34
Work With Pride　49, 52

〈ア　行〉

アイデンティティ　38, 128, 167
アウティング　64, 88
アウトフロー　24
アセクシュアル　7, 108
アプローチ　187
アライ　32, 182
新たな要因　27, 202
在り方　90
異質　88, 197
意思表明　197
異性愛者　107
一律な実施　54, 177
一貫性　58, 184

一種の普通　200
イデオロギー　203
異文化経営　6
違和感の増幅型　86
インターセックス　108
インフロー　24
内と外　80
影響因子　102
影響要因　168
エックスジェンダー　108
エンパワーメント　60
オールジェンダー　32

〈カ　行〉

解決プロセス　92
解決方法　95, 177
外国人　97
　　──労働者　76
会社の雰囲気　91
改善方法　122
外部環境　93, 160
外部との協力　69
外部問題　93, 94
格差　198
可視化　65, 183
過剰な認識　161
価値観　29, 98, 129
学校教育　201
合致度　174
葛藤　69, 83, 173
家庭環境　120
カミングアウト　55, 69, 168
環境の変化　104
感情的不快感　115
管理方法　189
関連性　171
企業価値　56
企業の競争力　6
基礎知識　59

基礎となる認知プロセス　8
義務化　161
キャリアの構築　88
キャリアビジョン　98
キャリアプラン　98
　　──の早期形成　97
行政　69
業績　62
共創　10, 189
競争優位性　55
共通原因　51, 52, 55, 58, 60, 66, 71, 168, 192
拒絶反応　82, 178
距離　89, 147, 159, 161
緊急事態宣言　101
金銭的物理的な援助　127
勤務意欲　116
勤務開始　93
勤務経験　37
勤務時　184
勤務時間外　196
勤務前のステージ　171
クエスチョニングかクィア　108
クラスカル・ウォリス検定　130
ゲイ　7, 108
経営学観点　56
啓発活動　53
啓蒙活動　63
欠陥　202
限界　195, 202
言語障壁　98
効果的ダイバーシティマネジメントモデル
　　26
効果的なコミュニケーション　81
効果的な実施　171
構成因子　105
構成要因　171
構造の調整　169, 194
行動宣言　53, 58
交友関係　195
誤解　125, 161
国籍　86
心の健康　104
個人　90

──意義　178
──主義型　86
──的要因　8, 27, 74, 182, 195, 202
コスト　14
コミュニケーション　42, 81, 82, 91, 170, 175,
　　176
コミュニティ　186
雇用環境　103
雇用形態の多様化　4
コンプレックス　186

〈サ　行〉

サイクル　96
在宅勤務　121
最優先項目　89
最優先事項　62
採用，人材確保　54
差別　77
──待遇　64
──的言動　69
──問題　128
サポート　123
産業環境　16
支援施策　129
支援者　182
ジェンダーバイアス　36
ジェンダー平等　32, 33
資源獲得　14
自己肯定感　123
仕事の過負荷　113
仕事の柔軟性　115
仕事の生産性　70
自主的な教育（自主的に行われた教育）　54,
　　175
シスジェンダー　107
システムのフレキシビリティ　14
実施（する）環境　54, 66, 192
実施困難　77
実施（する）対象　54, 66, 192
実施（する）内容　54, 66, 70, 192
実施目的　23
実証研究　21, 51
社員研修　55

社会形態　125
社会貢献・渉外活動　53
社会的脅威　172, 182, 195
社会的支援　172, 182, 195
社会的地位　200
社会的評価基準の不備　54
社会的要因　172
社会風潮　160, 168, 182
社会理解　201
収益性　56
重回帰分析　116, 117
従業員生産性　56
就職活動　92
修正版グラウンデッド・セオリー・アプローチ
　　78
従属変数　108, 117
集団主義　167
情緒的な不安　113
衝突　95
職場環境　48
職場環境のサポート　109
職場経験の捉え方　89
職場差別　38
職場でのメンタルヘルス　181
職場の多様性　2
職場復帰　103
職場不適応　201
職務関連性　20
女性同性愛者　7
深刻化　106
人材ポートフォリオ　24
人事制度・プログラム　53
深層的　20, 31, 39, 62, 75, 105, 167, 190, 202
　　——多様性　4, 30, 73, 191
身体的健康　104
身体的不快感　114
人的資源　14
　　——管理　17
　　——フロー　24
心理的
　　——健康　105
　　——反応　104
　　——負担　80

——変化　201
垂直的な支援　201
水平的な支援　201
スクリーニング調査　107
ステークホルダー　54, 59, 60, 178, 179
ステージの変更　169, 194
ステップ　94
ステップワイズ法　116
ステレオタイプ　77, 86
生活場面　173
性自認　91, 107
精神的負担　103
精神的問題　42
性的指向　46, 91
性的マイノリティ　2, 7, 29
　　——への理解の深まり　181
性同一性障害　41, 46
性別越境者　32
性別適合手術　48
性別の再考　33
制約　203
セクシュアリティ　176
絶対（的）平等　54, 177
説明変数　108
全員平等　63, 64, 179
選択基準　197
選択権　160
戦略的マネジメントモデル　16, 25
相関関係　102
早期形成　174
早期離職者　98
創造性　14
相談窓口　64, 123
組織側　46
組織的要因　8, 27, 182, 192, 195, 202
組織内部環境　16
組織の活性化　104
組織パフォーマンス　4
組織文化の不一致　114–116, 201

〈タ　行〉

待遇差異　84
対象者のバランス　54

退職　180
対人関係　94
ダイバーシティ　14
　　――イニシアティブの実行プロセスモデル
　　　8, 11
　　――経営　6, 17
　　――マネジメント　1, 4, 5, 45, 189, 190
多元組織　22
谷口真美　19, 21, 73
ダブルマイノリティ　74, 76, 192
　　――当事者　167
多文化企業　6
多文化組織　22
多様性　6, 17, 102
誰でもトイレ　68
単一組織　22
探索的因子分析　109, 117
男女役割分担　33
男性同性愛者　7
担当者の選別　67
通院ハードル　113
ツースピリテッド　108
付き合い　195
適切な支援方法　173
徹底した支援宣言　54
転職意欲　158
転職活動　96
動機づけ　104
当事者　101
　　――コミュニティ　53
　　――内部の問題　37
　　――の勤務意欲　176
　　――の特定困難　54
　　――の日常生活　54
　　――のパフォーマンス　54
　　――パフォーマンスの重視　175
　　――への差別の深刻化　38
　　――への理解　37
同質化　166
同性愛　46
　　――者　128
同性パートナー　49
　　――シップ　106

　　――シップ制度　68, 196, 199
　　――登録　166
同調　88
同僚とのコミュニケーション　175
特質　86
独立変数　108
特例　63
トランスジェンダー　7, 41, 108
　　――に見られる特殊性　40
取り組み　61

〈ナ　行〉

内在的属性　20
内部フロー　24
内部問題　93
仲間意識　176
仲間意識の作用　80, 176
ニーズ　177
日本企業　13, 165
日本型ダイバーシティマネジメント　13, 202
　　――モデル　3, 9, 165
人間関係　93, 95, 158
認識格差　199
認識ズレ　125, 194
ネガティブな効果　175

〈ハ　行〉

パートナーシップ制度　49
バイアス　65
バイセクシュアル　7, 108
配慮　82
配慮の欠如　161
パターン　94
バランスの維持　182
パンセクシュアル　7, 108
判断基準　81, 177
ピアソンのカイ 2 乗検定　130
非可視化　168, 183
非性的マイノリティ当事者　46
被説明変数　108
誹謗中傷　59, 104
評価基準　58, 64
表層的　3, 20, 31, 62, 167, 189, 190

——多様性　4, 30, 73, 191
フォビア点数　58
フォローアップのステージ　171
複数のマイノリティ　74
福利厚生　49, 106
不公平な待遇　120
負の影響　85
プライベート　89
ブランド価値　57
フレンドリーな職場　51
プロセス　77
プロマックス回転　109
文化的な違い　81
文化的背景　84
文化の違い　98
ヘテロセクシュアル　107
偏見　33, 39, 40, 65, 76, 87, 101, 125
法律と知識の欠陥　39

〈マ　行〉

マーケティング　14, 68
マイクロアグレッション　38
マイクロ攻撃　38
マイクロ侮辱　38
マイクロ無視　38
マイノリティ側面の利用　97, 175
マイノリティの捉え方　182, 185
マクロ環境　16
馬越恵美子　6
真の問題　180, 191

マジョリティ側　167
向き合い方　94, 95
村木真紀　30
メンタルヘルス　41, 42, 193, 199
問題解決　14, 89, 184
——基準　80
——のステージ　171
問題点　74
問題発生のステージ　171

〈ヤ　行〉

有効性　204
優先順位　60, 89
要因の追加　169, 194
用語の使用　33

〈ラ・ワ行〉

利害関係　93
離職　24, 42, 47, 55, 87, 98, 158
良好な人間関係　91
両性愛者　7
両面性　86
理論研究　21, 51
歴史的変遷　31
レズビアン　7, 108
労働環境　193
労働問題　203
ワークエンパワーメント　104
ワークライフバランス　80, 83, 85, 192

《著者紹介》

閻　　亜　光（えん　あこう）

1990年中国山西省太原市生まれ．2007年秋田県に交換留学．その後，立命館ア
ジア太平洋大学に進学し，卒業後は星野リゾートマネジメントに入社．ブライ
ダル及びフロント業務を経て，2016年退社後に立命館大学大学院言語教育情報
研究科修士課程に入学．言語教育学修士号を取得後，2019年から立命館大学大
学院経営学研究科博士課程前期課程及び後期課程に進学，立命館大学大学院経
営学研究科博士課程後期課程修了．現在，日本文理大学経営経済学部助教．
主な研究は，性的マイノリティ当事者の職場における問題，ジェンダーと企業
の関係に焦点を当てている．また，著者自身は日本企業で勤務した経験を持ち，
日本型ダイバーシティマネジメントにおいて，外国籍労働者問題やジェンダー
の問題など，多方面で取り組む．

主要業績

「日本のサービス企業で働く外国人労働者が早期離職した共通原因及び考
　察──TEM分析を用いて──」『社会システム研究』（立命館大学），41
　号，2020年．
「日本企業における性的マイノリティ取り組みの捉え方と新たな方向性──文
　献レビュー研究を用いて──」『社会システム研究』（立命館大学），46号，
　2023年．
「出産後職場復帰におけるワークライフバランスの問題点及び意識変化──日
　本人女性と中国人女性との比較を用いて──」『労務理論学会誌』32号，
　2023年．

日本型ダイバーシティマネジメント
──日本企業が歩む性的マイノリティとの共創の道──

2024年11月30日　初版第1刷発行　　＊定価はカバーに
　　　　　　　　　　　　　　　　　　表示してあります

著　者　閻　　亜　光ⓒ

発行者　萩　原　淳　平

印刷者　藤　森　英　夫

発行所　株式会社　晃　洋　書　房

〒615-0026 京都市右京区西院北矢掛町7番地
電話　075（312）0788番㈹
振替口座　01040-6-32280

装丁　HON DESIGN（小守いつみ）　印刷・製本　亜細亜印刷㈱
ISBN978-4-7710-3882-0

JCOPY〈（社）出版者著作権管理機構 委託出版物〉

本書の無断複写は著作権法上での例外を除き禁じられています．
複写される場合は，そのつど事前に，（社）出版者著作権管理機構
（電話 03-5244-5088, FAX 03-5244-5089, e-mail : info@jcopy.or.jp）
の許諾を得てください．